Patrick Spät
Und,
was
machst
du
so?

Rotpunktverlag.

Patrick Spät

UND, WAS MACHST DU SO?

Fröhliche Streitschrift gegen den Arbeitsfetisch

MIX
Papier aus verantwor-
tungsvollen Quellen
FSC® C083411
www.fsc.org

© 2014 Rotpunktverlag, Zürich
www.rotpunktverlag.ch

Umschlaggestaltung & Satz: Patrizia Grab & Ulrike Groeger
Druck & Bindung: CPI – Clausen & Bosse, Leck
ISBN 978-3-85869-616-8
1. Auflage 2014

Inhalt

ICH ARBEITE, ALSO BIN ICH?

»Unser Leben ist der Mord durch Arbeit,
wir hängen sechzig Jahre lang am Strick und
zapplen, aber wir werden uns losschneiden.«[1]

GEORG BÜCHNER

Wohl kein anderer Satz fällt auf einer Party so häufig wie dieser: »Und, was machst du so?« Dahinter steckt die unausgesprochene Frage: Bist du nützlich? Manchmal verbirgt sich dahinter auch die Frage: Verdienst du mehr Geld – oder Anerkennung – als ich? Die Arbeit bestimmt unseren sozialen Stellenwert: Sag mir, was du arbeitest – und ich sag dir, wer du bist. So schaut's aus in unserer Leistungsgesellschaft. In der schönen neuen Arbeitswelt speist sich auch unser individuelles Selbstwertgefühl unmittelbar aus unserem Job, wir definieren uns zu einem ziemlich großen Teil über die Art und Weise, wie wir unsere Brötchen verdienen. Und weil dieses Schubladendenken auch im Umgang mit unseren Mitmenschen allzu praktisch ist, fragen wir sie immer gleich nach ihrer Arbeit.

Auf einer ebensolchen Party erzählte mir mal ein Syrer, der wegen des dortigen Bürgerkriegs als Flüchtling in Deutschland gestrandet war: »Es gibt kein Wort, das ich bei den Deutschen öfter höre als das Wort *machen*. Ihr macht ständig irgendwas ... ihr macht belegte Brote, ihr macht eine Party, ihr macht Musik, ihr macht sogar eine Pause und Urlaub! Ruht ihr euch eigentlich auch mal wirklich aus?« Der Syrer lächelte verschmitzt. Er hatte natürlich recht: Machen, machen, machen. Wir sind pausenlos auf Draht und – machen irgendwas.

Lohnarbeit, Gartenarbeit, Beziehungsarbeit, Blowjob – alles ist zur Arbeit geworden. Wir arbeiten an unserem Körper, an unserer Lebensweise und an unserem Liebesglück. Die Arbeit ist das Lebenselixier des modernen Menschen, ein Fetisch, mit dem wir uns lustvoll selbst geißeln. Von Kindesbeinen an wachsen wir mit dem Imperativ auf, »etwas aus uns zu machen«. Dieser Befehl dröhnt ständig in unseren Ohren, mit jedem Vorhaben, das wir aushecken. Und erst recht mit jedem Vorhaben, das wir ausschlagen.

Wir sollen also »etwas aus uns machen«. Ja, sind wir denn nicht schon etwas? Menschen zum Beispiel? Die Arbeit ist heute der unangefochtene Maßstab, mit dem wir unser Gegenüber bewerten. »Martha Musterfrau, 38, Rechtsanwältin«. »Max Mustermann, 56, Lagerist« – keine Talkshow, keine TV-Doku, bei der hinter dem Namen einer Person nicht direkt auch ihr Beruf erwähnt wird. Das ist so sicher wie das Amen in der Kirche. Apropos: Sogar auf den Grabsteinen eines Wiener Friedhofs las ich Sätze wie »Hier ruht Maximilian Bradow, Schlossermeister«. Herr, erlöse uns von der Arbeit!

Diese Wehklage zu äußern, ist riskant, denn eine Kritik an der Arbeit ist ein gesellschaftliches Tabu: Es gilt als anrüchig, den Sinn von offensichtlich sinnfreien Jobs infrage zu stellen, über gesundheitsschädliche Arbeit zu motzen oder ganz einfach die Faulheit zu glorifizieren. Wer offen sagt, dass er keinen Bock hat zu arbeiten und dass mitnichten jede Arbeit besser ist als keine Arbeit, der steht im Generalverdacht, zu verlottern und andere dazu anzustiften, es gleichzutun – mit dem Endergebnis, dass die ganze fleißige Gesellschaft in den Abgrund stürzt. Das Mantra unserer Zeit: Ich arbeite, also bin ich.

Wie konnte es dazu kommen? Wie steht es tatsächlich um unsere Arbeitsgesellschaft? Was macht der Arbeitswahn mit uns? Und wie können wir uns von ihm befreien? Fragen über Fragen, deren Beantwortung dem Schreiber etwas – da haben wir sie wieder – Arbeit bereiten wird. Aber am Ende steht die Hoffnung, dass wir uns vom Arbeitsfetisch lösen. Dass wir endlich wieder *leben*.

---

1   Georg Büchner, *Dantons Tod*, 1. Akt, 2. Szene, Frankfurt am Main 2008.

ZUM
ARBEITS-
FETISCH

»Nur wer arbeitet, hat eine Lebensberechtigung. Das ist nicht mehr pietistisch oder christlich, sondern faschistisch. Arbeit ist unser neuer Führer, unsere neue Religion, auch wenn sie sinnentleert, entfremdet und nutzlos ist. Es muss gearbeitet werden, und zwar immer.«[1]

FRANZOBEL ALIAS FRANZ STEFAN GRIEBL

Wer kennt das nicht: Man sitzt mit Freunden bei einem Bier und plötzlich schießt einem durch den Kopf, was man arbeitsmäßig noch alles erledigen muss – hier eine E-Mail, da ein Auftrag oder Projektbericht, dort ein zu reparierendes Auto. Die Laune ist getrübt. Kaum bei der Arbeit angekommen, sehnt man sich nach dem Feierabend. Oder träumt von Ferien, Ruhe, vielleicht auch von weißen Sandstränden. Und was, wenn die Träume in Erfüllung gingen? Die Gedanken wären sicherlich schon bald wieder bei der Arbeit. Ein verfluchter Teufelskreis. Der Arbeitswahn hat sich, bewusst oder unbewusst, tief in unsere Köpfe eingenistet – und verfolgt uns noch im Schlaf: Das häufigste Thema in den Träumen der Deutschen ist ihre Arbeit (34 Prozent), es folgen Reisen (27 Prozent) und Verstorbene (22 Prozent). Und auf die hypothetische Frage, was man nach einer Entlassung samt Abfindung für ein halbes Jahr machen würde, antworten lediglich 8 Prozent: meinen Traum verfolgen, und 13 Prozent: Urlaub machen, aber 72 Prozent: mich gleich um eine neue Arbeitsstelle bewerben.[2] Friedrich Nietzsche beschrieb in seiner *Fröhlichen Wissenschaft* (1882) mit treffenden Worten, wie der Arbeitswahn des modernen Menschen die Muße zerstört:

»Die atemlose Hast der Arbeit – das eigentliche Laster der neuen Welt – beginnt bereits durch Ansteckung das alte Europa wild zu machen und eine ganz wunderliche Geistlosigkeit darüber zu breiten. Man schämt sich jetzt schon der Ruhe; das lange Nachsinnen macht beinahe Gewissensbisse. Man denkt mit der Uhr in der Hand, wie man zu Mittag isst, das Auge auf das Börsenblatt gerichtet, – man lebt, wie einer, der fortwährend etwas ›versäumen könnte‹. [...] Die Arbeit bekommt immer mehr alles gute Gewissen auf ihre Seite: der Hang zur Freude nennt sich bereits ›Bedürfnis der Erholung‹ und fängt an, sich vor sich selber zu schämen. ›Man ist es seiner Gesundheit schuldig‹ – so redet man, wenn man auf einer Landpartie ertappt wird. Ja, es könnte bald so weit kommen, dass man einem Hange zur vita contemplativa (das heißt zum Spazierengehen mit Gedanken und Freunden) nicht ohne Selbstverachtung und schlechtes Gewissen nachgäbe. – Nun! Ehedem war es umgekehrt: die Arbeit hatte das schlechte Gewissen auf sich. [...] das ›Tun‹ selber war etwas Verächtliches.«[3]

Die Zeichen mehren sich. Im September 2012 schaffte die spanische Regierung eine uralte Tradition des Nichtstuns ab: die Siesta zwischen 14 und 16 Uhr. Man darf heute kaum noch sagen, dass man auf der faulen Haut gelegen hat, dass man dem permanenten Druck entflohen ist und sich ent-spannt hat. Der Kommentar unserer ach so fleißigen Mitmenschen ist vorprogrammiert: »Na, du hast es ja gut, dir heute einen Lauen zu machen.« Hinter solch simplen Kommentaren verbirgt sich nichts anderes als die moralische Keule der Arbeitsideologie: Deshalb schämen sich viele fürs Nichtstun, und hetzen sich weit über das (überlebens)notwendige Maß. Das schlechte Gewissen nagt unerbittlich an denen, die über die Stränge schlagen und auch nur einen Hauch zu viel faulenzen.

Von Frankreich sagen die Deutschen gerne: Dort arbeite man, um zu leben – in Deutschland aber lebe man, um zu arbeiten. Auch wenn der Arbeitswahn die französischen Gemüter ebenso befallen hat wie die deutschen, steckt in dem Spruch doch ein Funken Wahrheit: Wenn ein Franzose mitteilt, er müsse nun zur Arbeit, erhält er als Antwort ein »Bon courage!«, was so viel heißt wie »Kopf hoch!« oder »Nur Mut!«. In Deutschland jedoch wünscht man »Frohes Schaffen!«, und wenn hierin eine Prise Ironie liegen sollte, muss man sie mit der Lupe suchen.

Die Arbeit steht im Zentrum unseres Lebens, es gibt kein Außerhalb der Arbeit, sie erfasst unseren Alltag, unser Leben. Unser Ich geht arbeiten, es ist zur »Ich-AG« mutiert. Wie wäre es mal mit dem Wagnis einer Ohne-mich-AG? Kaum auszudenken. Denn »wer nicht arbeiten will, soll auch nicht essen«, wie es bereits in der Bibel beim Apostel Paulus heißt (2 Thess 3,10).

Es gibt unzählige Regalmeter von Büchern, die den Zusammenhang zwischen den Ideologien der Arbeit und des Christentums untersuchen. Die Kurzfassung lautet: »Im Schweiße deines Angesichts sollst du dein Brot essen« (Gen 3,19). Mit diesen Worten werden im Alten Testament Adam und Eva aus dem Paradies vertrieben. Arbeit ist zwar auch in der Antike und im Mittelalter mit Mühsal und Plage verbunden, aber sie ist schlichtweg eine menschliche Notwendigkeit und kollektive Bußtätigkeit: Der Sündenfall brachte die Vertreibung aus dem Garten Eden und Verurteilung der Menschen zum Arbeitsdienst auf Erden. Die Zeit der mühelosen Labsal und Wonne war definitiv vorbei. Was vormals eine Buße der Menschheit gewesen war, wurde aber bald zu einem Gottesdienst des Individuums: Seit der Reformation – als Martin Luther 1517 seine Thesen ans Tor der Schlosskirche zu Wittenberg hämmerte –

ging die Zahl der arbeitsfreien Feiertage von 156 auf 2 zurück. Während die Menschen im vermeintlich düsteren Mittelalter die Hälfte des Jahres die Füße hochlegten, gab es seit der Reformation nur noch den Sonntag sowie Ostern und Weihnachten als arbeitsfreie Tage, den Rest der Zeit wurde geschuftet.

Arbeit war schon in der Bibel ein heiliges Gut, seit Luther aber wurde sie zum gnadenlosen Gottesdienst. Vormals glaubten die Menschen, dass man mit jedem Beruf in der Ständegesellschaft selig werden könne. Es war schlichtweg sinnlos, sich übermäßig abzurackern, solange man seine Arbeit einigermaßen meisterte. Seit der Reformation aber galt: Gottes Wohlwollen will verdient sein. Weltlicher Erfolg galt fortan als untrügliches Zeichen dafür, dass man von Gott auserwählt war – und nicht in der Hölle, sondern im Himmel landete.

»Wenn wir nur unserem Beruf gehorchen, so wird kein Werk so unansehnlich und gering sein, dass es nicht vor Gott bestehen und für sehr köstlich gehalten würde. Unsere Arbeit, unser Broterwerb ist Gottesdienst und heilig. Müßiggang und Prasserei sind es, die die Menschen verderben. Darum arbeitet fleißig und lebt bescheiden, meidet Rausch, Tanz und Spiel. Das sind die Versuchungen des Teufels.«[4]

Diese Worte stammen aus der Feder eines weiteren Arbeitsfanatikers: Johannes Calvin, der die Gedanken Luthers verbreitete und dabei stark zuspitzte. Vier Jahrhunderte später zeigte der Soziologe Max Weber in seinem Klassiker *Die protestantische Ethik und der Geist des Kapitalismus* (1904), wie sehr die Lehren der Reformation auf die Denk- und Handlungsweise des Kapitalismus Einfluss genommen hatten: Gottes Wege sind unergründlich. Wer wird erlöst und wer nicht? Diese offene Frage empfanden viele als quälend – und sie folgten der »Lösung« Calvins, sich durch harte Arbeit zu empfehlen. Wirtschaftlicher Erfolg, disziplinierter Fleiß und rastlose Arbeit im Diesseits waren von nun an die einzigen Indikatoren für eine Erlösung im Jenseits. Damit waren Luther und Calvin die Ersten, die den Begriff der Arbeit durchweg positiv besetzten. Natürlich predigten sie nicht, dass Arbeit Spaß macht. Vielmehr sollten die Menschen Freude am Leid der Arbeit empfinden angesichts der paradiesischen Aussichten, die ihnen verheißen waren, nachdem sie sich zu Tode geschuftet hatten. Während Jesus noch ein glücklicher Arbeitsloser war, wurden Faulheit und Zeitvergeudung spätestens jetzt zur buchstäblichen Todsünde.

Der kollektive Sündenfall und die individuelle Todsünde der Faulheit verfolgen uns bis heute. Nicht zufällig drohte 2006 der damalige SPD-Arbeitsminister Franz Müntefering mit den Worten Paulus': »Wer nicht arbeitet, soll auch nicht essen!« Der eigentliche Sündenfall aber ist die Arbeit selbst! Dabei ersetzen die säkularen Mythen einfach die vormals religiösen, es gibt ein Recycling des Glaubens: In Zeiten, wo die Menschen immer weniger an Gott und erst recht an die Kirche glauben, ist die Arbeit zur neuen Religion emporgestiegen. Und sie weist alle Merkmale einer Religion auf: unhinterfragte Vergötterung ihres Sinnstifters, Inkaufnahme schmerzhafter Entbehrungen, übersteigerte Symbole und Riten sowie eine rigorose Bestrafung all jener, die partout nicht »glauben« wollen. Wer nicht arbeiten will, muss fühlen.

1 Franzobel, »Warum wir die Arbeit abschaffen sollen«, in: *Der Standard*, 27./28. April 2013, www.derstandard.at/1363709298468/Franzobel-Warum-wir-die-Arbeit-abschaffen-sollen (Aufruf dieser sowie aller im Folgenden zitierten Websites am 1. Mai 2014).

2 Studie zu »Träume der Deutschen« der IfD Allensbach (2002), www.de.statista.com/statistik/daten/studie/76159/umfrage/traeume---wovon-deutsche-traeumen/; sowie Studie zu »Tätigkeiten nach Entlassung mit Abfindung« von Randstad Deutschland (2009), www.de.statista.com/statistik/daten/studie/72981/umfrage/taetigkeiten-nach-entlassung-mit-abfindung.

3 Friedrich Nietzsche, *Die Fröhliche Wissenschaft*, KSA, Bd. 3, S. 556 f. Hier und im Folgenden stammen sämtliche Nietzsche-Zitate aus der KSA = Friedrich Nietzsche, *Sämtliche Werke. Kritische Studienausgabe in 15 Bänden*, hrsg. von Giorgio Colli und Mazzino Montinari, Berlin/New York 1988.

4 Johannes Calvin, *Unterricht in der christlichen Religion. Institutio Christianae religionis*, III, 10,6, Neukirchen 1955, S. 470.

ARBEIT

ESSEN

SEELE AUF

ODER: DIGITALE FLIESSBANDARBEIT

> »Die meisten Menschen würden sich beleidigt
> fühlen, wenn man ihnen als Arbeit anböte,
> Steine über eine Mauer zu werfen und sie dann
> wieder zurückzuwerfen, bloß damit sie ihren
> Lohn verdienten. Doch viele haben jetzt keine
> sinnvollere Beschäftigung.«[1]

HENRY DAVID THOREAU

Am Montag, den 27. Oktober 2010, ging ich als freier Mensch über die Spree. Am Montag, den 4. November 2010, lief ich als Lohnsklave über dieselbe Brücke. Die Sonne spiegelte sich postkartenidyllisch am Berliner Fernsehturm, die Spatzen zwitscherten – und ich sah aus der Ferne meinen neuen Arbeitsplatz: einen todesgrauen Betonklotz. In der Woche zuvor hatte das Bewerbungsgespräch stattgefunden, am darauffolgenden Tag dann der Anruf: »Glückwunsch, Sie haben den Job!« Oha. Ich hatte Philosophie in Mannheim, Leipzig und zuletzt Freiburg studiert. Zwei Wochen nach der Abschlussprüfung war ich bereits auf Wohnungssuche in Berlin – Stadt der Freiheit, Stadt der Sehnsucht. Tempo, Tapetenwechsel, Lebenslust. Ich hatte mein druckfrisches Zeugnis in der Tasche, aber ansonsten war diese leer. Ich war jung und brauchte das Geld – so heißt das wohl. Nun, Geld gab es bei dem Job, 2200 Euro brutto im Monat. Als Philosoph war ich bei einem großen Versicherungskonzern untergekommen, der gerade Aushilfen suchte, um seine bürokratischen Rückstände aufzuholen. Ich war in der glücklichen Gruppe derer, die befristet angestellt wurden, die restlichen Stellen bestückte die nicht gerade am Hungertuch nagende Versicherung mit Leiharbeitern. Niemand wurde gezwungen, dort zu arbeiten. Niemand wurde dorthin verkauft oder versklavt. Und doch fühlte ich mich meiner Freiheit beraubt. Im Vorstellungsgespräch konnte ich damit punkten, dass Philosophen »präzise und logisch und analytisch arbeiten« könnten, genau das richtige für die digitale Fließbandarbeit, die mich jetzt erwartete.

In der Abteilung Firmenhaftpflicht bekam ich jeden Tag Hunderte Briefe auf den Bildschirm, die im Keller des Gebäudes eingescannt wurden. Dort unten loderte die wahre Hölle: Ehemalige Sachbearbeiter wurden dorthin strafversetzt und mussten nun acht Stunden am Tag Briefe aufschlitzen, kurz den Inhalt checken, das ganze dem Sachgebiet zuordnen und einscannen. Der gesamte deutsche Briefverkehr des Unternehmens wurde dort abgewickelt. Und eine Versicherung bekommt viel Post. Die Briefscanner schufteten im Akkord, wer zu langsam scannte, bekam mächtig Ärger. So gesehen waren die verbliebenen Sachbearbeiter froh, an ihrem Arbeitsplatz noch Tageslicht zu sehen, etwas mehr zu verdienen und auch mal einen Kaffee trinken zu können. Ich war nun einer von ihnen, zusammen mit ein paar anderen Aushilfen und mit einem auf sechs Monate befristeten Vertrag. Bis dahin sollten die Rückstände abgearbeitet sein.

Die Briefe kamen also als Scan auf den Bildschirm geflattert. Wir überprüften stets die gleichen Zahlenkolonnen, fragten Kioskbesitzer, ob sie in ihrem Betrieb ein Pferd haben oder Raupenfahrzeuge unterhalten und allerlei anderen Versicherungskram. Die Highlights beschränkten sich auf Antwortschreiben, in denen ich bei der obligatorischen Tierfrage lesen durfte: »Ja, ich habe zehn Buckelwale und zwei blutrünstige T-Rex.« Ansonsten gab's nix zu lachen. Ich weiß nicht mehr genau, was mein Hirn mehr zermatschte: die permanente Weichspüler-Radiomusik oder die überaus monotone Bildschirmarbeit mit den immer gleichen fünf Klicks. Ganz ehrlich: Meine bisherigen Nebenjobs in einem Getränkemarkt, wo ich mir den Rücken mit Bierkästen krummbuckelte, oder am Hafen, wo ich die frisch eingetroffenen Klamotten etikettierte und stundenlang die chemischen Ausdünstungen der Textilbranche schnuppern durfte – all diese Nebenjobs waren spannender gewesen. Fifty-fifty steht der Vergleich mit dem Call-Center, in dem ich anderthalb Jahre lang fremde Menschen mit meinen Anrufen nervte und sie nach ihrem Konsumverhalten aushorchte.

Beim Kaffeeautomaten, dessen schwarze Brühe genauso fad war wie alles andere dort, unterhielt ich mich mit einer jungen Kollegin. Sie sagte zu mir: »Ich gehe in meinem Job voll auf.« O ja, ich auch: Ich zerfalle in meine Einzelteile, ich atomisiere mich, ich gehe nahtlos ins Nirwana ein, ich harmonisiere mich mit der völligen Inhaltsleere. Schöne neue Arbeitswelt. Der Weg vom Hörsaal ins Büro war ebenso hart wie lehrreich. Hier durfte ich nun Marx' Theorie der Entfremdung live und hautnah erleben:

»Worin besteht nun die Entäußerung der Arbeit? Erstens, dass die Arbeit dem Arbeiter äußerlich ist, d. h. nicht zu seinem Wesen gehört, dass er sich daher in seiner Arbeit nicht bejaht, sondern verneint, nicht wohl, sondern unglücklich fühlt, keine freie physische und geistige Energie entwickelt, sondern seine Physis abkasteit und seinen Geist ruiniert. Der Arbeiter fühlt sich daher erst außer der Arbeit bei sich und in der Arbeit außer sich. Zu Hause ist er, wenn er nicht arbeitet, und wenn er arbeitet, ist er nicht zu Haus. Seine Arbeit ist daher nicht freiwillig, sondern gezwungen, *Zwangsarbeit*. Sie ist daher nicht die Befriedigung eines Bedürfnisses, sondern sie ist nur ein Mittel, um Bedürfnisse außer ihr zu befriedigen. Ihre Fremdheit tritt darin rein hervor, dass, sobald kein physischer oder sonstiger Zwang existiert, die Arbeit als eine Pest geflohen wird.«[2]

Da ich, wie alle Sklaven der Arbeit, Geld zum Überleben brauchte, konnte ich der »Pest« nicht entfliehen. Zum Zwang gesellte sich die Entfremdung: Ich hatte nicht die geringste persönliche Verbindung zu dem, was ich da beruflich tat. Die kritischen und kreativen Hirnregionen musste ich ausknipsen, sobald ich den Computer einschaltete. Die digitale Fließbandarbeit zerstörte meine Synapsen. Kleine Fluchtversuche feierte ich als großen Erfolg: Eine besonders gute Strategie der Bildschirm-Flucht sah so aus: Einen Stapel Papier unter den Arm klemmen, aufstehen, vor sich hin murmeln »Oh, das muss ich ja noch kopieren«, geschäftig aus dem Raum huschen – und erst einmal eine rauchen gehen. Hat ganz gut funktioniert. Aber die fünf Minuten waren schnell verflogen.

Dass wir arbeiten müssen, um zu überleben, ist natürlich eine Binsenweisheit. Seit jeher galt: Wer essen will, muss Obst und Gemüse anbauen, ernten, kochen. Wer sich kleiden will, muss nähen. Wer wohnen will, muss sich ein Dach über den Kopf bauen. Es ist hanebüchen, die Arbeit an sich zu verteufeln. Und es gibt ja, nebenbei bemerkt, auch in der modernen Arbeitswelt durchaus Formen des Arbeitens, die Sinn stiften, Spaß machen und in denen man sich tatsächlich verwirklichen kann. Nein, hier geht es vor allem um entfremdete Arbeit, also jene Jobs, die in westlichen Industriestaaten, so wage ich zu behaupten, vermutlich 95 Prozent ausmachen: digitale Fließbandarbeit im Büro und analoge Fließbandarbeit in der Fabrik, Burger braten, Designer-Klamotten anpreisen und PR-Kacke als Gold verkaufen, putzen, kellnern, palavern, modeln, überwachen und strafen. Die Monotonie obsiegt, das Spielerische ist unerwünscht, der Stumpfsinn triumphiert, der Mensch verliert. Die Arbeit wird unendlich glorifiziert, kaum einer wagt es aber zu sagen: Die meisten Jobs sind so sinnvoll wie ein Dixi-Klo auf dem Mond.

Aufschlussreich waren die kleinen sozialpsychologischen Studien, die man jeden Tag anstellen konnte: Morgens eilten die Angestellten wie von der Tarantel gestochen zu den Stechuhren, wurschtelten hastig ihre Chipkarte hervor und verspürten kleine orgastische Gefühle, wenn sie ihre Karte in den Schlitz der Stechuhr einführten. Die anschließende Erlösung stand ihnen ins Gesicht geschrieben, waren sie doch ab jetzt offiziell bei der Arbeit. Das Tempo verringerte sich nun um den Faktor zehn, im Schildkrötentempo krochen die Leute zur Arbeit. Manche schlossen auch erst mal ihr Fahrrad ab, das sie vor dem Eingang hastig hingeworfen hatten. Und ja, ich tat es ihnen gleich.

Wenn es die Hölle wirklich gibt, dann ist sie ein Büro. Gleißendes Neonlicht. Miefige Luft aus der Klimaanlage. Genormte, taubenkotgraue Tische. Nerviges Telefongebimmel. Flimmernde Kopfschmerz-Bildschirme mit Desktop-Hintergrundbildern, die Sehnsuchtsorte zeigen, die die Angestellten kaum je erleben werden. Doch mental waren viele der Lohnsklaven auf der Flucht; die Zahlen der Gallup-Studie von 2013 belegen die Tendenz zur innerlichen Kündigung: »Fast ein Viertel (24 Prozent) der Beschäftigten in Deutschland hat innerlich bereits gekündigt. 61 Prozent machen Dienst nach Vorschrift. Nur 15 Prozent der Mitarbeiter haben eine hohe emotionale Bindung an ihren Arbeitgeber und sind bereit, sich freiwillig für dessen Ziele einzusetzen. [...] Die innere Kündigung verursacht erheblichen volkswirtschaftlichen Schaden. Gallup-Hochrechnungen beziffern die jährlichen Kosten durch Produktivitätseinbußen auf 112 bis 138 Milliarden Euro.«[3]

Nach der Arbeit ging ich im Dunkeln zurück über die Spree. Während die Spatzen den Tag über die Sonne genießen konnten, sah ich das Flackern der Neonröhren. Büro-Strobo. Die Vögel waren mittlerweile fortgeflogen. »Der Mensch ist zur Arbeit, der Vogel zum Fliegen geschaffen«, heißt es beim Arbeitsfanatiker Martin Luther. Diese Lebensauffassung ist schwachsinnig, und sie ist verantwortlich für den heutigen Arbeitswahn. Ein Außerirdischer, der auf die Erde blickt, müsste sich schon arg wundern: Was machen die da eigentlich? Rackern sich ab, sitzen in Blechbüchsen stundenlang im Stau, um dann stundenlang zu schuften. Zerstören ihren Heimatplaneten und lassen ihre versklavten Artgenossen verhungern. Gucken grimmig, schwitzen und stöhnen, sind gestresst – und betrachten sich als den Nabel des Universums, obwohl es sich einen Dreck um sie schert.

1   Henry David Thoreau, »Leben ohne Prinzipien«, in: ders., *Über die Pflicht zum Ungehorsam gegen den Staat und andere Essays*, Zürich 2010, S. 37–62, hier S. 39.

2   Karl Marx, *Ökonomisch-philosophische Manuskripte aus dem Jahre 1844*, MEW, Bd. 40, S. 514. Hier und im Folgenden entstammen alle Marx- und Engels-Zitate der Ausgabe der Marx-Engels-Werke (MEW) im Dietz bzw. Karl Dietz Verlag, Berlin 1956–1990.

3   Pressemitteilung zum »Gallup Engagement Index 2012«, 3. März 2013, www.gallup.com/file/strategicconsulting/160901/Presse-mitteilung%20zum%20Engagement%20Index%202012_final.pdf.

MÜSSIG-
GANGSTER

*»Wenn Arbeit wirklich so toll wäre,
dann würden die Reichen sie für sich behalten.«*

MARK TWAIN

Der eigentliche Skandal um Marcel Duchamps berühmtes Urinoir lag in der Faulheit des Künstlers. Genau genommen gab es nämlich gar keinen Künstler: Duchamp nahm 1917 ein handelsübliches fabrikneues Urinoir, pinselte die Buchstaben »R. Mutt« drauf und fertig war das Kunstwerk *Fountain*. Duchamp vergoss mit seinem Ready-Made – das eben kein Hard-Working-Made war – keinen einzigen Schweißtropfen. Im Französischen heißen diese Kunstwerke übrigens »objet trouvé« und im Englischen »found object«, es sind also gefundene Gegenstände – und somit garantiert keine Arbeiten im ursprünglichen Sinne. Noch schlimmer!

Bei einem Künstler wollen die Leute sehen, wie die Augenringe parallel zu seinem Kunstwerk wachsen. Hach ja, in den Skulpturen der Renaissancekünstler steckte wenigstens noch knochenharte wochenlange Arbeit ... Duchamp zeigte dem elitären Kunstbetrieb den Stinkefinger und machte eine kunstfertige Siesta. Ein Müßiggangster par excellence.[1] Man kann darüber streiten, ob es erbärmlich ist oder einfach »kreative Freiheit«, dass bis heute Heerscharen von Künstlern dieses Prinzip kopieren und weiße Leinwände mit ein paar Kinderkritzeleien verkaufen. Aber solange ihnen die Kunsthändler den Hof machen, gibt ihnen die Realität einfach recht.

Apropos kopieren: Die ganzen Plagiatsaffären um zusammenkopierte Doktorarbeiten haben einen janusköpfigen Charakter: Einerseits ist es schlichtweg Betrug, wenn Leute (seien es nun Personen des öffentlichen Lebens wie Guttenberg und Konsorten oder einfach Ottonormalverbraucher) eine Doktorarbeit – hier steckt doch das Wörtchen Arbeit drin – einfach zusammenklauen, um sich dann mit einem »Dr.« vor ihrem Namen zu schmücken. Andererseits spiegelt die berechtigte Empörung auch unsere sakrosankte Arbeitsreligion wider: Eine Doktorarbeit liest für gewöhnlich niemand. Sie staubt ein und dümpelt auf irgendwelchen Festplatten oder Servern vor sich hin. Die akademische Fleißarbeit ist inhaltlich leider nur allzu oft bedeutungslos, erst im Kontext der Leistungsgesellschaft gewinnt sie an Bedeutung. Das Einzige, was eine Doktorarbeit signalisieren soll: Hier hat jemand korrekt, fleißig und »wissenschaftlich« gearbeitet. Das Plagiat durchbricht diese Logik. Hier hat jemand keine Leistung erbracht und nicht bis zum Kollaps geschuftet: Wer kein Burn-out hatte, der hat nicht richtig studiert.

Von Kindesbeinen an wird uns der Arbeitsfetisch eingetrichtert. Am Kottbusser Tor in Berlin-Kreuzberg beobachtete ich einmal einen Vater mit seinem Kind. Die beiden gingen an einem Bettler vorbei – doch statt dem Bettler etwas zu geben, sagte der Vater drohend zu seinem kleinen Sohnemann: »Das passiert mit dir, wenn du nicht fleißig bist!« Am Abend hat der Vater bestimmt das Märchen von Frau Holle vorgelesen: Das fleißige Mädchen wird mit Gold überschüttet, das faule Mädchen wird mit einem Pechregen bestraft. Einmal mehr ist Arbeit die Moral von der Geschicht'. Der Arbeitsfetisch hat sich tief in die DNA der westlichen Industrienationen eingeschrieben. Der *Duden* definiert einen Fetisch als »heiligen Gegenstand, dem magische Kräfte zugeschrieben werden« und als »Götzenbild«. Wir beten die Arbeit an, wir sind besessen von ihr. Unsere Eltern, Lehrer, Politi-

ker und Medien haben uns massiv indoktriniert. Hetz-
kampagnen der Boulevardpresse und klischeetriefende
»Reality-Dokus« über kettenrauchende Hartz-IV-Empfänger tun ein Übriges. Die Ideologie der Arbeit steckt
mal sichtbar, mal gut getarnt in jeder Pore unserer arbeitenden Körper.

In Deutschland nimmt das schon kuriose Züge an, in
Japan dramatische. Jedes Jahr sterben dort durchschnittlich 150 Menschen an »karoshi«: Tod durch
Überarbeitung. Das amtliche Kriterium für diese meist
durch Stress ausgelösten Herzinfarkte lautet: An Karoshi ist gestorben, wer im Monat vor seinem Tod über 100
Überstunden geleistet hat; in Japan keine Seltenheit,
schenken doch dort zwei Drittel aller Arbeitnehmer ihrem Unternehmen mehr als 20 unbezahlte Überstunden
pro Monat. Im Schnitt lassen die japanischen Erwerbstätigen von 18 Urlaubstagen 10 verfallen. Nicht umsonst
lautet die japanische Floskel für faule Müßiggangster:
»glücklich wie ein Europäer«. Ebenso gravierend und
verbreitet wie Karoshi ist »karojisatsu«, der Freitod wegen Arbeitsstress. Tja, man kann bei der Arbeit gaaanz
langsam seine Lebenszeit vernichten – oder eben ganz
schnell.

---

1   Die Zeitschrift *müßiggangster* war das Zentralorgan der Glückli-
     chen Arbeitslosen, eine europaweite Gruppierung um den Philoso-
     phen Guillaume Paoli, die die Vorzüge der Erwerbslosigkeit pries.

ANEKDOTE ZUR SENKUNG DER ARBEITS- MORAL

»Faulsein ist wunderschön.«

PIPPI LANGSTRUMPF

»O Faulheit, erbarme dich unseres langen Elends!
O Faulheit, Mutter der Künste und der edlen
Tugenden, sei du der Balsam für die menschlichen
Ängste!«[1]

PAUL LAFARGUE

Wehe dem, der die Verheißungen der Werbung beim Wort nimmt: »Nichts ist unmöglich«, »Liberté toujours« und so weiter. Ginge es nach den Versprechen der Konsumindustrie, könnten wir uns Freiheit und Lebensfreude einfach kaufen. Das heißt, nachdem wir für unser Geld gearbeitet haben, versteht sich. Dabei gibt es Freiheit und Lebensfreude bereits (und vor allem) dann, wenn wir von Anfang an weniger arbeiten. In nichtkapitalistischen Gesellschaften arbeiten die Menschen meist nur für ihr »Zieleinkommen«. Damit bezeichnen Wirtschaftswissenschaftler Folgendes: Die Menschen arbeiten gerade so viel, bis sie alles haben, was sie zum Überleben brauchen. Dann lassen sie den Hammer fallen, entspannen sich und freuen sich des Lebens. Exemplarisch für diese Lebensweise ist Heinrich Bölls »Anekdote zur Senkung der Arbeitsmoral«:

Ein ärmlich gekleideter Fischer liegt am Hafen und döst. Ein reicher Tourist kommt vorbei, macht einige Fotos und fragt mehrmals, ob es dem Fischer gutgehe und weshalb er denn nicht in See steche, um einen guten Fang zu machen. Als der Fischer ihm antwortet, dass er heute schon einen kleinen Fang gemacht habe, rechnet ihm der Tourist vor, was er sich mit noch mehr Beutefängen alles kaufen könnte: in einem Jahr einen Schiffsmotor, in zwei Jahren ein zweites Boot, dann einen Kutter, ein großes Kühlhaus samt Räucherei und Fischrestaurant – und schließlich eine riesige Marinadenfabrik, mit der er die ganze Welt beliefern könnte. Der Fischer bleibt sichtlich unbeeindruckt, was den Touristen umso nervöser macht. Was denn dann passieren würde, will der Fischer wissen: »›Dann‹, sagt der Fremde mit stiller Begeisterung, ›dann könnten Sie beruhigt hier im Hafen sitzen, in der Sonne dösen – und auf das herrliche Meer blicken.‹ ›Aber das tu' ich ja jetzt schon‹, sagt der Fischer, ›ich sitze beruhigt am Hafen und döse, nur Ihr Klicken hat mich dabei gestört.‹ Tatsächlich zog der solcherlei belehrte Tourist nachdenklich von dannen, denn früher hatte er auch einmal geglaubt, er arbeite, um eines Tages einmal nicht mehr arbeiten zu müssen, und es blieb keine Spur von Mitleid mit dem ärmlich gekleideten Fischer in ihm zurück, nur ein wenig Neid.«[2]

In dieser kleinen Erzählung steckt viel Wahrheit. Der Text provozierte natürlich – Böll verfasste den Text im Auftrag des Norddeutschen Rundfunks anlässlich des »Tags der Arbeit« am 1. Mai 1963. Damit fiel er mitten in die Zeit des sogenannten Wirtschaftswunders. Der Fischer lebt nicht, um zu arbeiten – er arbeitet, um zu leben. Kreuzigt ihn. Oder bewundert ihn heimlich. Offensichtlich sind die Parallelen zur Anekdote um Diogenes von Sinope. Als Alexander der Große vorbeikommt und ihm alle Wünsche zu erfüllen anbietet, antwortet Diogenes nur: »Geh mir ein bisschen aus der Sonne.« More money, more problems?

Wir könnten etliches lernen von den Tieren und ihrer vermeintlichen Faulheit: Sobald ihr Bedarf gedeckt ist, legen sie eine Pause ein und ruhen sich aus. Der Koala treibt diese Strategie auf die Spitze: Er isst ein paar Eukalyptusblätter und döst dann einfach – schläft er weniger als achtzehn Stunden am Tag, stirbt er an Erschöpfung. Nicht so der Mensch, der es lieber vorzieht, achtzehn Stunden am Tag zu arbeiten. Apropos Schlaf: Schliefen die Menschen in den USA Anfang des 20. Jahrhunderts noch durchschnittlich zehn Stunden pro Nacht, waren es vor einer Generation rund acht Stunden, während es heute gerade einmal sechseinhalb sind.[3] Schlafen ist was für Verlierer, die Gewinner schuften bis zum Umfallen – was für ein Albtraum. Erst der Kapitalismus setzt über das Zieleinkommen die krankhafte Jagd nach Profit. Selbst viele Linke jeglicher Couleur sind diesem Denken schon auf den Leim gegangen, wenn sie vom vermeintlich nötigen Wirtschaftswachstum faseln, um Arbeitsplätze zu schaffen. Wohin, bitte, sollen wir denn noch wachsen? Chillt euch, will man den arbeitswütigen Profitgeiern zurufen. Relax statt Rolex. Wir wachsen, indem wir schrumpfen. Und dennoch ist eine Kritik am Arbeitsfetisch noch immer ein Generalverbrechen, wie auch der Ethnologe, Anarchist und Occupy-Aktivist David Graeber betont:

»Die zentrale Frage ist, wie man die Annahme außer Kraft setzen kann, dass harte Arbeit – und als Konsequenz die pflichtgemäße Befolgung von Anordnungen und Befehlen – eine irgendwie intrinsische moralische Angelegenheit ist. Das ist ein Gedanke, der zugegebenermaßen auch große Teile der Arbeiterklasse beeinflusst hat. Für jeden, der an der Befreiung der Menschen interessiert ist, ist dies das vertrackteste und schwierigste Problem. Zu den wenigen Punkten, denen in der öffentlichen Debatte anscheinend jeder zustimmen muss, gehört die These, dass nur die, die arbeiten wollen – ja, noch mehr: nur die, die bereit sind, sich nahezu irrsinnigen Formen der Arbeitsdisziplin zu unterwerfen –, moralisch irgendwelche Ansprüche stellen können, dass nicht einfach Arbeit, sondern eine Arbeit, die für die Finanzmärkte irgendeinen Wert hat, die einzig legitime moralische Grundlage für Belohnungen irgendwelcher Art ist. Das ist kein ökonomisches Argument. Das ist ein moralisches. [...] Doch bei jeder Krise lautet die Antwort darauf von allen Seiten gleich: Die Menschen müssen mehr arbeiten!«[4]

Da sind wir wieder bei der Arbeitsideologie. »Ohne Fleiß kein Preis« – wie verräterisch doch Sprichwörter sind. Arbeit verschafft uns soziale Anerkennung; ein zweischneidiges Schwert, denn die Devise heißt natürlich Wachstum. Doch die ökologische und ökonomische Supernova ist nur eine Frage der Zeit: Die Regenwälder sind ebenso ausgebrannt wie unsere fossilen Brennstoffe und Körper und Psyche der Arbeitssklaven. Auch die Arbeitsplätze selbst sind abgebrannt: Die globale Jugendarbeitslosigkeit lag im Jahr 2013 bei 12,6 Prozent, ein Rückgang ist nach Angaben der International Labour Organization (ILO) in den nächsten Jahren nicht zu erwarten. 397 Millionen Erwerbstätige leben in extremster Armut, weitere 472 Millionen haben ein Auskommen unter dem Existenzminimum.[5] Menschheit und Natur stehen gleichermaßen kurz vorm Kollaps.

Mit dem Arbeiten aufhören heißt natürlich nicht, damit aufzuhören, Dinge zu *tun*. Wir müssen arbeiten, um zu überleben. Dauerhaftes Nichtstun und Faulenzen werden irgendwann nerven und zum Bore-out führen. Und niemand wird leugnen, dass Arbeiten unter Umständen sogar Spaß machen kann, Arbeit kann durchaus erfüllend und sinnvoll sein, wenn man seine *eigenen* Ziele verwirklichen kann. Nur bestätigt die Ausnahme leider die Regel.

1   Paul Lafargue, *Das Recht auf Faulheit*, Berlin 2013, S. 57.

2   Heinrich Böll, »Anekdote zur Senkung der Arbeitsmoral«, in: ders., *Romane und Erzählungen 1961–1970*, Werke 4, Köln 1994, S. 267–269.

3   Jonathan Crary, *24/7. Late Capitalism and the Ends of Sleep*, London 2013, S. 11.

4   David Graeber, »Gegen den Kamikaze-Kapitalismus«, in: *Anarchistische Welten*, hrsg. von Ilija Trojanow, Hamburg 2012, S. 175–184, hier S. 180.

5   ILO, »Global Employment Trends 2013«, www.ilo.org/wcmsp5/groups/public/---dgreports/---dcomm/---publ/documents/publication/wcms_202215.pdf.

STOCKHOLM–
SYNDROM

»Arbeit ist das, was man tut, um es – Zielpunkt
im Unbewussten – einmal nicht mehr tun zu
müssen.«[1]

ALFRED POLGAR

Die Zeiten der Freiheit sind längst passé. 1309 wurde in Mailand die erste mechanische Uhr an einen Kirchturm montiert; fortan thronte die soziale Kontrolle durch die Uhrzeit buchstäblich über den Köpfen der Bewohner. Bereits im 13. Jahrhundert entstanden die ersten Manufakturen in Florenz. Die vormals freien und selbständigen Schneider, die vom Entwurf bis zur Fertigung alles in Eigenregie erledigten, mussten sich nun in riesigen Werkshallen verdingen: Hier wurden Garnspinnerei, Weberei und Schneiderei gebündelt, um Zeit und Handelswege zu sparen; das Ergebnis war arbeitsteilige Monotonie und Lohnknechtschaft unter den Augen strenger Aufseher. Später kamen Webstühle und Fließbänder hinzu, heute haben wir Maschinen und Arbeitssklaven in der Dritten Welt …

Die Sache mit der Arbeit ist extrem schizophren: Wir streben insgeheim nach Faulheit – und preisen lautstark die Arbeit. Selbst noch im Protest unterstützen die demonstrierenden Massen die Denklogik ihrer Gegner. Beim Thema Arbeit zeigt sich das zum Beispiel darin, dass fast sämtliche Demonstrationen, Proteste und Streiks einen gemeinsamen Nenner haben: Die Menschen treten ein *für* (mehr) Arbeit, niemals aber *gegen* die Arbeit an sich! Die Arbeiterbewegung ist eine Arbeitsbewegung. 1831 forderten die protestierenden Massen während des Aufstands der Seidenweber in Lyon: »Blei oder Arbeit«. Das war der erste große soziale Aufstand zu Beginn der Industrialisierung in Frankreich, aber keiner forderte ein »Recht auf Faulheit« wie der Arzt und Philosoph Paul Lafargue oder ein »Recht auf Wohlstand« wie der Anarchist Pjotr Alexejewitsch

Kropotkin. Auch bei den revolutionären Umtrieben 1848 machten sich die Aufständischen ausschließlich für ein »Recht auf Arbeit« stark. Der Ruf nach mehr Arbeit ähnelt dem Stockholm-Syndrom, bei dem die Opfer von Geiselnahmen nach und nach ein positives Verhältnis zu ihren Entführern aufbauen. Warum wagt kaum jemand die Flucht aus der Geiselhaft der Arbeit? Weil die äußeren Zwänge, die Macht unserer Geiselnehmer, uns an die Arbeit ketten – sie haben das Geld, das wir brauchen, um zu kaufen, was wir brauchen: Nahrung, ein Dach über dem Kopf, Kleidung und so weiter.

Die groteske Sympathie mit den Geiselnehmern vollzieht sich in zwei Phasen: In der ersten Phase glauben wir vielleicht gar nicht so recht an die Arbeitsideologie. Wir tun so, *als ob* wir nach der Pfeife unserer Kidnapper tanzten, dennoch ist das Ergebnis: dass wir tatsächlich nach ihrer Pfeife tanzen. So funktioniert die Arbeitsideologie: Auch wenn wir nicht an sie glauben, akzeptieren wir sie, wir machen mit. Warum? Um unser Konto zu füllen, klar. Aber keiner wagt, offen zu sagen, dass die allermeiste Arbeit auf gut Deutsch scheiße ist.

Und dann? Dann bröckelt der innere Widerstand, wir verlieren die Distanz. In der zweiten Phase sind wir vollends von der Arbeitsideologie vernebelt. Das von William Thomas und seiner Frau Dorothy Thomas 1928 formulierte Thomas-Theorem passt da wie die Faust aufs Auge: »Wenn die Menschen Situationen als real definieren, dann sind sie in ihren Folgen real.«[2] Menschen reagieren nur selten auf die nackten Fakten, also die objektiven Gegebenheiten einer Situation; vielmehr reagieren sie auf ihre subjektive Wahrnehmung und Deutung dieser Situation. Jemand könnte – zum Beispiel in einer öffentlichen Debatte darüber, ob die Gewaltrate in Großstädten zunimmt oder nicht – noch so sehr dafür plädieren, dass es ziemlich ungefährlich ist, nachts im Berliner Stadtteil Neukölln oder im New Yorker Brooklyn spazieren zu gehen, und hierzu auch allerlei Statistiken und Fakten anführen; sobald bei einem Individuum oder gar einer sozialen Gruppe das subjektive Gefühl besteht, dass ein solcher Spaziergang höchst gefährlich ist, wird sie auch mit dieser Intuition argumentieren und schließlich nach ihr handeln. Im Kern besagt das Thomas-Theorem also, dass eine Situation objektiv noch so eindeutig analysierbar sein kann – die subjektive Wahrnehmung entscheidet darüber, wie Menschen wann, wo und auf welche Weise handeln.

Warum aber kuscheln wir mit unseren Kidnappern? Das Stichwort stammt aus der Feder des Philosophen Antonio Gramsci und lautet: Hegemonie, also die Macht der vorherrschenden Gesellschaftsideologie.[3] Politik und Wirtschaft setzen ungeniert ihre Interessen durch – und die Bürgerinnen und Bürger glauben, dass dies im Allgemeininteresse geschehe. Ständig hören wir das Gefasel von »Wachstum«, »Wettbewerb« und »Standortsicherheit«, das uns einreden will, dass wir »den Gürtel enger schnallen« müssten, weil nur so »sichere Arbeitsplätze« möglich seien – alles andere sei »alternativlos«. Eine Lohnerhöhung sei nicht drin, weil sonst die Firma pleitegehe. Wir dürften die Reichen nicht zu stark besteuern, weil sonst die Leistungsträger ins Ausland gingen. All diese Dinge werden Konsens sogar bei den Arbeitnehmerinnen und Arbeitnehmern selbst, die kurioserweise in den Kanon einstimmen: »Ihr habt recht. Nur mit Fleiß, Entbehrungen und Überstunden können wir unsere Arbeitsplätze behalten. Eine andere Welt ist nicht möglich.« Natürlich fällt dieser Konsens zuungunsten der arbeitenden Bevölkerung aus. Eingelullt von den Phrasen aus Politik, Wirtschaft, Massenmedien, Schulen, Kirchen – und von den Stammtischen – glauben die Menschen irgendwann *tatsächlich,* dass alle am gleichen Strang ziehen und dass alles im gemeinsamen Interesse geschieht. Der Arbeitswahn wird den Menschen also nicht nur plump eingeprügelt oder aufgezwungen; sie werden auch gezielt von dessen angeblicher Alternativlosigkeit überzeugt – indem Politik, Medien und Verbände ständig zustimmungsfähige Ideen in Umlauf bringen.

Der Glaube versetzt Berge – und füllt die hiesigen Büros, Fabrikhallen und Verkaufsflächen. »Wenn ein Ding nicht als wahr anerkannt wird, dann wirkt es nicht als wahr innerhalb der Gemeinschaft«, wie der Soziologe George Herbert Mead richtig erkannte.[4] Wir glauben felsenfest an die Wahrheit der Arbeit und dulden keinen Gott der Muße neben ihr. Diese Situation ist umso schizophrener, als wir jede Möglichkeit nutzen, der Mühsal und Arbeit zu entrinnen.

Wer benutzt freiwillig ein Waschbrett, wenn er eine Waschmaschine hat? Wer schreibt einen Text handschriftlich ab, wenn er stattdessen einen Kopierer benutzen kann? Und wer rechnet die elenden Zahlenkolonnen seiner Steuererklärung im Kopf aus, wenn er einen Taschenrechner besitzt? Der Mensch ist ein Faultier. Was wäre die Welt ohne die Muße? Erst die »produktive Faulheit« hat uns den Flaschenzug, die Waschmaschine und den Computer beschert. Denn der faule Mensch strebt danach, möglichst alle eigene Arbeit zu umgehen oder zu reduzieren. Klar, dass dabei sein Erfindergeist geweckt wird. So wurden zum Beispiel die ersten Rechenmaschinen und letztlich auch der Computer erfunden, weil die mit den Kalkulationsaufgaben betrauten Personen zu bequem waren, die Berechnungen selbst durchzuführen. Zum Glück brauchen wir heute keine Kopisten mehr, die in Klöstern hocken und monatelang ein einziges Buch abschreiben. Heute geht das ruckzuck mit einem Fotokopiergerät. Und trotzdem: Wir sind stinkfaul und glorifizieren die Arbeit. Das Stockholm-Syndrom hat unseren Verstand benebelt. Was tun? Sollen wir einfach aussteigen wie der namenlose Held in Fjodor Dostojewskijs *Aufzeichnungen aus dem Kellerloch* (1864):

»Jetzt friste ich die Tage in meinem Winkel, indem ich mich selbst mit dem böswilligen und zugleich sinnlosen Trost aufstachle, dass ein kluger Mensch ernsthaft überhaupt nie etwas werden kann und nur ein Dummkopf etwas wird. [...] Alle unmittelbaren und alle Tatmenschen sind ja nur tätig, weil sie stumpfsinnig und beschränkt sind. Wie sich das erklären lässt? Folgendermaßen: Infolge ihrer Beschränktheit nehmen sie die augenscheinlichen und zweitrangigen Ursachen für die primären und lassen sich auf diese Weise rascher und leichter als die anderen überzeugen, dass sie einen unanfechtbaren Grund für ihre Tätigkeit gefunden haben; damit geben sie sich zufrieden, und das ist die

Hauptsache. Denn, um eine Tätigkeit zu beginnen, muss man restlos beruhigt und aller Zweifel enthoben sein.«[5]

Luxusfantasien? Vermutlich. Die Diagnose des Protagonisten trifft zwar zu, doch seine Therapie des Stockholm-Syndroms ist vielen wohl nur ein müdes Lächeln wert. Wer aus dem Boot der Arbeit aussteigt, ertrinkt. Egal ob Lagerarbeiter, Köchin, Büroangestellter, Gewerkschafterin oder Politiker. Apropos: Vor allem Politiker reden ständig von mehr Arbeit – dabei leben wir in einer Welt, der die Arbeit ausgeht.

1   Alfred Polgar, *Kleine Schriften. Band I: Musterung*, hrsg. von Marcel Reich–Ranicki in Zusammenarbeit mit Ulrich Weinzierl, Reinbek bei Hamburg 1982, S. 329.

2   William Thomas und Dorothy Thomas, *The Child in America*, New York 1928, S. 572 (Übersetzung P.S.).

3   Antonio Gramsci, *Gefängnishefte*, Gesamtausgabe, Hamburg 2012.

4   George Herbert Mead, *Moments of Thought in the Nineteenth Century*, Chicago 1936, S. 29 (Übersetzung P.S.).

5   Fjodor Dostojewskij, *Aufzeichnungen aus dem Kellerloch*, Stuttgart 2010, S. 5 und 19.

ICH MENSCH,

DU

MASCHINE:

DIE FOLGEN DER AUTOMATISIERUNG

>>Wir wissen alle, dass Arbeitslosigkeit nicht abgeschafft werden kann. Läuft der Betrieb schlecht, dann wird entlassen, läuft er gut, dann wird in Automatisation investiert – und auch entlassen. In früheren Zeiten wurden Arbeits-kräfte gefordert, weil es Arbeit gab. Nun wird verzweifelt Arbeit gefordert, weil es Arbeitskräfte gibt, und keiner weiß, wohin mit ihnen.<<[1]

DIE GLÜCKLICHEN ARBEITSLOSEN

Früher gab es sie noch zahlreich: Reisebüros. Heute aber sterben die Reisebüros aus und mit ihnen die Arbeitsplätze. Wer eine Reise bucht, macht das im Internet – er vergleicht Flugzeiten, Kosten, Hotelbewertungen oder sucht Leute beim Couch-Surfing. Und was macht der Reisekaufmann? Der sucht verzweifelt einen Job, während die Arbeit erstens vom Konsumenten selbst erledigt wird und zweitens von zig Algorithmen, die uns die besten Reisedaten berechnen.

Durch die Automatisierung gehen seit jeher Arbeitsplätze verloren. Bis in die 1950er-Jahre machte der Gaslaternenanzünder seine nächtlichen Runden und sorgte für Licht auf den Straßen. Heute gehen die Stromlaternen per ferngesteuerter Zeitschaltuhr an und aus, Computer überwachen den reibungslosen Ablauf. Und wer telefonieren will, braucht keine Telefonistin am anderen Ende der Leitung – er wählt einfach drauflos und wird über Kabel, Satelliten und Algorithmen verbunden. Die Automatisierung hat uns seit der industriellen Revolution fest im Griff. Ein Teilaspekt der Automatisierung ist die Mechanisierung in Form von Fließbändern, Robotern und Maschinen, ein anderer Teilaspekt ist die Digitalisierung in Form von Algorithmen, Datenspeichern und ausgefeilter Software. Der Vorteil: Wir müssen uns nicht mehr schinden. Der Nachteil: Wir finden keine Arbeit mehr. Die Automatisierung könnte ein Paradies sein, wenn nur die paradiesischen Früchte gerecht verteilt wären; de facto ist sie eine Hölle aus wachsender Armut und Massenarbeitslosigkeit.

Wir leben in einer Ära des Kapitalismus, in der die Produktivität der Arbeit dermaßen hoch ist, dass immer weniger Arbeitskräfte gebraucht werden. Die aktuelle Massenarbeitslosigkeit in Südeuropa – mit einer Jugendarbeitslosigkeit von teilweise über 50 Prozent – ist nur ein Vorgeschmack auf das große Fressen, das uns noch bevorsteht. Der US-Ökonom Jeremy Rifkin prophezeite das Ende der Arbeit bereits 2005, also lange vor der 2008 eingetretenen Finanzkrise, die eigentlich nur der Höhepunkt einer kapitalistischen Dauerkrise ist, die spätestens mit der Ölkrise von 1973 einsetzte. Vor der Ölkrise hing Massenarbeitslosigkeit noch überwiegend von Konjunkturschwankungen ab, aufgrund der Automatisierung wächst die Arbeitslosigkeit unaufhaltsam an – egal, ob die Konjunkturdaten fallen oder steigen. 1970 betrug die Arbeitslosenquote in Westdeutschland noch sage und schreibe 0,7 Prozent, 1975 lag sie bereits bei 4,7 Prozent und zehn Jahre später waren es 9,3 Prozent. Während die Produktivität steigt, nehmen die Arbeitsplätze rapide ab: Allein in den zwanzig weltweit größten Volkswirtschaften wurden zwischen 1995 und 2002 mehr als dreißig Millionen Arbeitsplätze abgebaut. Aber zurück zu Rifkin, der 2005 unzweideutig feststellte:

»Wir sind mitten in einer Umwälzung, die die industrielle Revolution noch übertrifft. Durch die ersten Mechanisierungsschübe verloren Millionen von Menschen ihre Jobs und wanderten vom Land in die Städte, um dort mit den Maschinen zusammen zu arbeiten. Aber die Computer und Informationstechnik von heute machen immer mehr Menschen ganz überflüssig. Selbst die billigste menschliche Arbeitskraft ist teurer als die Maschine. [...] Wir vollziehen gerade einen Wandel hin zu einem

Markt, der zum allergrößten Teil ohne menschliche Arbeitskraft funktioniert. [...] Die Arbeit verschwindet. Das will kein Politiker seinen Wählern erzählen. Stattdessen betet man immer wieder dieselben drei Pseudotheorien herunter. [...] Erstens: Wir verlieren in unserem Land Jobs, weil die bösen Unternehmer Stellen ins Ausland verlagern. Zweitens: Wir haben genug Jobs, die Leute sind nur nicht richtig ausgebildet. Und drittens: Wir haben zu wenig Jobs, weil die Sozialabgaben zu teuer sind. Alle drei Argumente sind absurd.«[2]

Die Arbeit geht uns nicht deshalb aus, weil wir zu blöd sind. Sie geht uns auch nicht deshalb aus, weil die Vermögenden zu viel Steuern blechen, wie uns Neoliberale weismachen wollen. Die meisten Menschen werden über kurz oder lang keine Arbeit finden, weil über kurz der Kapitalismus kollabiert oder über lang Maschinen unsere Arbeitskraft ersetzen. Schon jetzt sind über eine Milliarde Menschen weltweit unterbeschäftigt oder ganz erwerbslos, Tendenz steigend. Durch die dritte industrielle Revolution, die digitale Revolution, wird schon bald die billigste menschliche Arbeitskraft teurer sein als eine Maschine. Das würde die Menschen im Globalen Süden von ihrem elenden Sklavendasein ins nächste Elend stürzen: das der Arbeitslosigkeit. Zumindest aber im Westen werden die teuren menschlichen Arbeitskräfte nach und nach durch Maschinen und Bits und Bytes ersetzt. Hätte man bereits Anfang der 1990er-Jahre die zu dem Zeitpunkt in Deutschland verfügbare industrielle Technik vollständig zum Einsatz gebracht, wären nach damaligem Stand neun Millionen Arbeitsplätze weggefallen und die Arbeitslosigkeit wäre auf 38

Prozent gestiegen.[3] Angesichts der technologischen Entwicklung wären die Zahlen für die Gegenwart mit Sicherheit noch drastischer.

Jeremy Rifkin zeigt, dass zum Beispiel im boomenden China zwischen 1995 und 2002 über fünfzehn Millionen Arbeitsplätze verloren gingen – und prognostiziert, dass 2020 nur noch zwei Prozent der Weltbevölkerung in der Produktion arbeiten werden.[4] Auch wenn es zehn Jahre länger dauern sollte, utopisch ist es nicht, zumal aktuell weniger als zwanzig Prozent in der Produktion tätig sind. Das gleiche Spiel hatten wir bereits in der Landwirtschaft: In den heutigen Industrienationen waren einst neunzig Prozent der Bevölkerung als Bauern tätig, heute sind es nur noch zwei Prozent. Im Jahr 1900 erzeugte ein Bauer mit seiner Arbeitskraft Nahrung für vier Personen, 1950 konnte er schon zehn Menschen ernähren, 2000 waren es aufgrund der Technisierung über 133 Menschen.[5] Die Produktivität wächst rasant an. Der moderne (konventionelle) Anbau bewegt sich in einem Gemenge aus GPS-gesteuerten Mähdreschern, Spitzenzucht, Gentechnik, Monokultur und EU-Subvention. Adieu, Handarbeit. Willkommen, Maschine. Der Journalist und Arbeitskritiker Franz Schandl hat vollkommen recht:

»Arbeit, die hohe Braut, liegt gleich Schneewittchen im gläsernen Sarg. Und alle Zwerge in Gewerkschaften und Parteien, Wirtschaft und Wissenschaft meinen über den Prinzen zu verfügen, der die Tote wachküsst. Doch mehr als eine Leichenvergiftung kann man sich dort nicht mehr holen. Schneewittchen wirft keine Arbeitsplätze mehr. Es gibt keine Befreiung in der Arbeit, sondern nur eine von ihr. Arbeitszeit ist gestohlene Lebenszeit. [...] Seien wir sicher: Je mehr die einzelnen Subjekte arbeiten, desto mehr Arbeit schaffen sie nicht neu, sondern desto mehr schaffen sie ab. Je mehr sie ihre Produktivität erhöhen, desto mehr setzen sie andere außer Wert. Die steigenden Hektarerträge schufen nicht reiche Bauern, sondern führten in Deutschland und anderen Industriestaaten zur Eliminierung eines ganzen Standes. [...] Unter kapitalistischen Vorzeichen bringt die Produktivkraftentwicklung die Produzenten reihenweise um ihren Produzentenstatus. Neuerdings gilt das auch für die sogenannten Dienstleistungsberufe.«[6]

Alle anderthalb Jahre verdoppelt sich nach dem Moore'schen Gesetz die Rechenleistung von Computern. Alle drei Jahre verdoppelt sich die Menge der weltweit digital gespeicherten Daten. Betroffen sind sowohl die »niedrigqualifizierten« als auch die »hochqualifizierten« Jobs. Die Fast-Food-Kette McDonald's installiert in ihren weltweiten Filialen gerade Tausende »Easy Order«-Automaten. Die Kunden geben ihre Bestellung am Touchscreen auf, bezahlen sie am Automaten und holen sich am Verkaufstresen ihr Essen. McDonald's kann dadurch Hunderte der ohnehin sittenwidrig bezahlten Jobs streichen. In den riesigen Lagerhallen von Amazon und anderen Versandhändlern huschen fast nur noch Roboter durch die Gänge und packen die Bestellungen zusammen. Am anderen Ende der Fahnenstange bangen nun selbst Rechtsanwälte um ihre Arbeitsplätze. In den USA übernehmen »E-Discovery«-Programme – eine komplexe und lernfähige Software – immer mehr Recherchearbeiten, wo vormals Rechtsanwälte in Aktenbergen und Gerichtsurteilen wühlten. Eine Studie der Universität Oxford kommt zu dem Schluss, dass bis 2030 rund 47 Prozent aller Arbeitsplätze in den USA der Automatisierung zum Opfer fallen können.[7] Der weltweit größte Versandhändler Amazon tüftelt derzeit schon an seinem Bestellservice »Prime Air«: Binnen dreißig Minuten nach der Bestellung soll der Kunde die Ware erhalten, geliefert wird sie von einer tischgroßen, achtmotorigen Flugdrohne namens »Octocopter«, die Päckchen bis zu 2,5 Kilo in einem Radius von 16 Kilometern transportieren kann – einen Paketboten braucht es nicht mehr.

Im Dienstleistungssektor übernimmt immer häufiger ausgefeilte Software programmierbare Routinearbeit. Schon heute ist der gesamte Bankensektor zu über 50 Prozent automatisiert und digitalisiert. Früher war ein VWL-Studium eine sichere Bank, heute ist es eine sichere Bankrotterklärung. Kündigungen überall. Wir leiden an einer Krankheit namens Gesundschrumpfen. Wohin man auch schaut, herrschen die Maschinen. Und dennoch palavern Wirtschaft und Politik unermüdlich von Wachstum, Arbeitsplätzen und Arbeitsmoral. Wer da nicht hören will, muss fühlen.

1   Die Glücklichen Arbeitslosen, *Mehr Zuckerbrot, weniger Peitsche*, hrsg. von Guillaume Paoli, Berlin 2002, S. 31.

2   Interview mit Jeremy Rifkin, in: *Stuttgarter Zeitung*, 29. April 2005, www.content.stuttgarter-zeitung.de/stz/page/916564_0_9223_-interview-langfristig-wird-die-arbeit-verschwinden-.html.

3   Herbert A. Henzler/Lothar Späth, *Sind die Deutschen noch zu retten?*, München 1993, S. 29.

4   Vgl. auch Jeremy Rifkin, *Das Ende der Arbeit und ihre Zukunft*, Frankfurt am Main 2004, sowie ebenfalls zu diesem Thema: Erik Brynjolfsson/Andrew McAfee, *Race Against the Machine*, Digital Frontier Press 2011.

5   Pressemitteilung des Deutschen Bauernverbands, 20. Oktober 2010, www.bauernverband.de/landwirt-ernaehrt-heute-133-mitbuerger.

6   Franz Schandl, »Der Abgrund der Arbeit«, www.streifzuege. org/2013/der-abgrund-der-arbeit.

7   Carl Benedikt Frey/Michael A. Osborne, »The Future of Employment. How susceptible are jobs to computerisation?«, www.oxfordmartin.ox.ac.uk/downloads/academic/The_Future_of_Employment.pdf.

WIE UNS DIE POLITIK DEN FLEISS EINTRICHTERT

»Im Grunde fühlt man jetzt, beim Anblick der Arbeit, [...] dass eine solche Arbeit die beste Polizei ist, dass sie jeden im Zaume hält und die Entwickelung der Vernunft, der Begehrlichkeit, des Unabhängigkeitsgelüstes kräftig zu hindern versteht. Denn sie verbraucht außerordentlich viel Nervenkraft und entzieht dieselbe dem Nachdenken, Grübeln, Träumen, Sorgen, Lieben, Hassen.«[1]

FRIEDRICH NIETZSCHE

Der Glaube an die Arbeit ist ein Irrglaube. Doch wer dieser Einsicht Taten folgen lassen will, spürt schnell die eiserne Hand des Staates. Die Bestrafung der Müßiggangster erlebte seit den Arbeitsfanatikern Luther und Calvin immer neue Höhenflüge – bis heute. Ungemütlich wurde es bereits im 16. Jahrhundert der Reformation, als sich die weltlichen Feudalherren die Gemeindeflächen aneigneten. Die Allmende, also das vormals gemeinschaftliche Eigentum, wurde der Bevölkerung gewaltsam entrissen: Es gab keine freien Wasserbrunnen, keine Wälder, in denen jedermann jagen oder Brennholz und Kräuter sammeln durften, keine freien Gewässer zum Fischen und keine freien Weideflächen für die Tiere. Die Natur wurde zum Privateigentum. Und die Menschen, die vormals aus dem Paradies vertrieben wurden, durften nunmehr auch nicht die kostenlosen natürlichen Ressourcen nutzen. Fortan waren sie zum Überleben dazu verdammt, sich als Lohnsklaven zu verdingen oder ihre Arbeitskraft an den Lehnsherrn zu verkaufen. Im Zuge der Französischen Revolution wurden die Lehnsherren wieder enteignet; Land und Boden aber wurden nicht etwa der Bevölkerung zurückgegeben, sondern auf dem »freien Markt« höchstbietend an die vermögenden Großbürger versteigert. Graue Vorzeit? Mitnichten. Heute sind Großkonzerne wie Nestlé drauf und dran, sämtliche Wasserquellen der Welt aufzukaufen.

Im frühen Mittelalter war die Bettelei noch eine vollkommen legitime Lebensweise, um über die Runden zu kommen. Damit war seit der Reformation endgültig Schluss. Immer öfter wurden Bettler in den sogenannten Arbeitshäusern eingesperrt, gefoltert und vielerorts

sogar hingerichtet. Eines dieser zahlreichen Arbeits-
häuser wurde 1589 in Amsterdam eröffnet. Ziel war es,
die »Abneigung gegen Arbeit zu kurieren«. Die Heilme-
thoden waren alles andere als homöopathisch: Die arbeitsunwilligen Armen sperrte man in ein Verlies, in
das nach und nach Wasser gefüllt wurde. Die im Wasser
stehenden Gefangenen mussten ununterbrochen eine
Pumpe betätigen, um sich vor dem Ertrinken zu retten.
Mit dieser perversen Folter wollte man den Arbeitsunwilligen ihre Faulheit austreiben und ihnen hautnah
demonstrieren, dass emsiges Arbeiten überlebensnotwendig sei.

Jeglicher Müßiggang wurde zur Todsünde. Friedrich
Wilhelm I., der von 1713 bis 1740 regierende preußische
»Soldatenkönig«, trichterte seinen Gefolgsleuten klar
und deutlich die Arbeitsideologie ein: Wenn seine Sol-
daten oder die Marktfrauen beim Tratschen erwischt
wurden, rügte man sie mit harten Prügelstrafen. Spätestens mit der Industrialisierung begann die Staatsmacht ab der zweiten Hälfte des 18. Jahrhunderts, die
Arbeitsunwilligen systematisch zu drangsalieren. Am
Neujahrstag 1780 wurde das »Militärische Arbeitshaus
München« eröffnet; um die noch leeren Hallen zu füllen, organisierte die Staatsmacht kurzerhand eine Raz-
zia gegen die Münchner Bettler. Seitdem nahmen die
Repressalien stetig zu. Mit der Gründung des Deutschen
Reichs 1871 wurden Bettelei, Obdachlosigkeit und Arbeitsunwilligkeit auf nationalstaatlicher Ebene krimi-
nalisiert. Die ohnehin mickrige Armenfürsorge wurde
fortan an die Bedingung geknüpft, dass die Empfänger
ihrer Arbeitspflicht nachkamen ... Hartz IV, ick hör dir

trapsen. Selbst der Nachwuchs wurde nicht verschont: In der Schweiz wurden vom 19. Jahrhundert bis Ende der 1960er-Jahre schwererziehbare Kinder oder solche aus armen Verhältnissen als Verdingkinder in die Zwangsobhut von bäuerlichen Betrieben oder Fabriken gegeben: Hier mussten sie lernen, zu gehorchen und hart zu arbeiten. Das Wörtchen »sich verdingen« ist fast ausgestorben, der Arbeitswahn nicht. Grundlage für die Arbeitspflicht in der Schweiz war das »Gesetz betreffend Errichtung kantonaler Arbeitsanstalten« von 1884, das festlegte, wer – ganz ohne richterlichen Beschluss – in solche Anstalten eingewiesen werden sollte: »Personen, welche sich in fortgesetzter Weise dem Müßiggang, der Trunkenheit oder in anderer Weise einem liederlichen Lebenswandel ergeben und infolge dessen arbeitslos und unterstützungsbedürftig werden, oder öffentliches Ärgernis erregen.«

Zwangsmaßnahmen gegen die Arbeitsunwilligen waren seitdem fester Bestandteil der europäischen Politik. In der Weimarer Verfassung vom 11. August 1919 kann man unter Artikel 163 lesen: »Jeder Deutsche hat unbeschadet seiner persönlichen Freiheit die sittliche Pflicht, seine geistigen und körperlichen Kräfte so zu betätigen, wie es das Wohl der Gesamtheit erfordert.« Diese Aufforderung nahmen die Nationalsozialisten wörtlich: Heutzutage ist kaum bekannt, dass während des NS-Faschismus die »Arbeitsscheuen« systematisch und grausam verfolgt wurden. Die Arbeitsämter waren damals verpflichtet, der Gestapo alle »Arbeitsscheuen« zu melden. Wer im NS-Regime zweimal einen ihm angebotenen Arbeitsplatz ausgeschlagen oder nach kurzer Zeit aufgegeben hatte, wurde von Heinrich Himmlers Gestapo zwangsläufig als »arbeitsscheu« eingestuft – mit weitreichenden Folgen: Die Arbeitsunwilligen wurden im NS-Faschismus als minderwertige »Schädlinge«, »Asoziale«, »Gemeinschaftsfremde« und »Ballastexistenzen« bezeichnet und auch so behandelt: Zwangssterilisationen, Schläge, Isolationshaft, Psychiatrie, Zwangsmedikamentation, all das gehörte zu den grausamen »Maßnahmen« des Regimes. Ein Mahnmal gibt es für diese verfolgte Menschengruppe bis heute nicht, geschweige denn eine öffentliche Diskussion über die Verfolgung der »Arbeitsscheuen« im NS-Faschismus. Vom 13. bis 18. Juni 1938 organisierte die Gestapo die Terroraktion »Arbeitsscheu Reich«, bei der sie über zehntausend als »asozial« eingestufte Menschen verhaftete und in Konzentrationslager verschleppte. Unter den Opfern befanden sich Landstreicher, Bettler, Prostituierte – und Arbeitsunwillige. Im KZ wurden sie mit einem braunen, später schwarzen Dreieck als »Asoziale« gekennzeichnet. Fortan galt im gesamten Einflussgebiet des NS-Regimes ein striktes Bettelverbot.

Das Sowjetregime stand dem NS-Faschismus in puncto Repressionen gegen Müßiggangster kaum nach. Artikel 12 der UdSSR-Verfassung vom 5. Dezember 1936 lautete: »Die Arbeit ist in der UdSSR Pflicht und Ehrensache jedes arbeitsfähigen Staatsbürgers nach dem Grundsatz: ›Wer nicht arbeitet, soll auch nicht essen.‹« Der biblische Satz hat es bis in die Verfassung der atheistischen UdSSR geschafft. Ihr späterer Satellitenstaat DDR folgte dem ermunternden Credo – und übernahm bizarrerweise den NS-Begriff der »Arbeits-

scheu« in seine offizielle Rechtsprechung. Der sogenannte Asozialen-Paragraf, § 249 des Strafgesetzbuchs
der DDR, zeigte eine klare Kante: »Gefährdung der öffentlichen Ordnung durch asoziales Verhalten. (1) Wer
das gesellschaftliche Zusammenleben der Bürger oder
die öffentliche Ordnung dadurch gefährdet, dass er
sich aus Arbeitsscheu einer geregelten Arbeit hartnä-
ckig entzieht, obwohl er arbeitsfähig ist, oder wer der
Prostitution nachgeht oder wer sich auf andere unlau-
tere Weise Mittel zum Unterhalt verschafft, wird mit
Verurteilung auf Bewährung oder mit Haftstrafe, Ar-
beitserziehung oder mit Freiheitsstrafe bis zu zwei
Jahren bestraft. Zusätzlich kann auf Aufenthaltsbe-
schränkung und auf staatliche Kontroll- und Erzie-
hungsaufsicht erkannt werden.«

Wer in der DDR keinen Job hatte, verging sich am sozialistischen Ideal. Arbeitsunwilligkeit fasste die DDR-
Führung als Vergehen am »werktätigen Volk« auf. Arbeitsunwillige Punks bekamen die staatliche Moral- und
Polizeikeule zu spüren. Faulenzer wurden kurzerhand
eingesperrt und zwangserzogen. Weh dem, der nicht
freudig zu Hammer und Sichel griff, um die sowjeti-
schen Fünfjahrespläne zu erfüllen.

Auch in der »freiheitlichen« Bundesrepublik wurde
der Arbeitszwang festgeschrieben, in § 25 des Bundes-
sozialhilfegesetzes (BSHG). Man hatte zwar einen
Rechtsanspruch auf Sozialhilfe, doch war dieser Anspruch gekoppelt mit der Arbeitsverpflichtung. »Ar-
beitsscheue« Menschen durften nach § 26 in geschlos-
sene Anstalten eingeliefert werden; erst 1974 wurde der
Paragraf abgeschafft. Sogenannte Gammler und Lang-

haarige wurden aber weiterhin in ihren Elternhäusern und auf offener Straße drangsaliert. Und die Schikane gegen Arbeitslose ging unverändert weiter. Als die blühenden Landschaften im Osten verdorrt blieben und es auch im Westen zu Massenentlassungen kam, griff Helmut Kohl die Arbeitsunwilligen ganz unverblümt an: »Wir können die Zukunft nicht dadurch sichern, dass wir unser Land als einen kollektiven Freizeitpark organisieren.«[2] Die Rhetorik erinnert stark an einen der vehementesten Vorkämpfer des Neoliberalismus: Im Wahlkampf 1976 log sich Ronald Reagan die Geschichte einer Sozialschmarotzerin zusammen, die Geburtsstunde der sogenannten »welfare queen«. Reagan fabulierte von einer minderjährigen schwarzen Mutter aus Chicago, die angeblich unter dreißig falschen Adressen und Namen einem großangelegten Sozialhilfebetrug nachging. Die »welfare queen« lebe in Saus und Braus, ohne arbeiten zu müssen, so Reagan. Die Geschichte war ein Fake, Reagans Präsidentschaft ab 1981 war höchst real.

Und heute? Neoliberale Hardliner geben die Marschrichtung vor: Guido Westerwelle ist von der politischen Bühne in Deutschland zwar weitgehend verschwunden, hat sich zuvor aber noch mit seinem Gerede von der »spätrömischen Dekadenz« ordentlich in die Nesseln gesetzt: »Wer dem Volk anstrengungslosen Wohlstand verspricht, lädt zu spätrömischer Dekadenz ein. An einem solchen Denken kann Deutschland scheitern. In vielen aufstrebenden Gesellschaften andernorts auf der Welt wird hart gearbeitet, damit die Kinder es einmal besser haben.«[3] Na, dann lasst uns fröhlich die Peitsche schwingen. Allein die Hartz-IV-Zwangsmaßnahmen und Sanktionen sprechen für sich. Das Jobcenter Hamburg hat sich eine ganz besondere Schikane ausgedacht: Im 2009 gegründeten »Aktivierungs-Center in Form einer Übungsfirma« werden Hartz-IV-Empfänger zwangsverpflichtet, zu arbeiten. Offiziell werden sie in einem riesigen Pseudosupermarkt »weitergebildet«. Die Arbeitslosen arbeiten in Früh-, Spät- und Feiertagsschichten, vierzig Stunden die Woche, räumen Regale mit Plastikkäse und anderen Imitaten ein, mimen Verkäufer und Kunden und kassieren dabei mit Spielgeld ab, bei dem es sogar echt falsche Blüten gibt. Die Zwangsverpflichteten tragen T-Shirts, auf denen der Aufdruck »Real Life Training« steht. Kein Aprilscherz. Vielmehr ein lachhafter und mit Steuergeldern teuer bezahlter Arbeits-Fake, der bierernst betrieben wird. Denn wer die schwer erträgliche Pseudoarbeit nicht mitmacht, dem werden unverzüglich die Sozialleistungen gestrichen.

Auch wenn die Gesetzestexte mittlerweile bürokratischer klingen, fordern sie doch unverhohlen eine Arbeitspflicht ein. Wortwörtlich findet man den Begriff nur noch selten, ein rares Exemplar ist die Verfassung des Bundeslands Hessen, in der es unter Artikel 28 heißt: »Jeder hat nach seinen Fähigkeiten ein Recht auf Arbeit und, unbeschadet seiner persönlichen Freiheit, die sittliche Pflicht zur Arbeit.« Ansonsten hat die brachiale Verdonnerung zur Arbeit auch Eingang gefunden ins Strafvollzugsgesetz: »§ 41, Arbeitspflicht: (1) Der Gefangene ist verpflichtet, eine ihm zugewiesene, seinen körperlichen Fähigkeiten angemessene Arbeit, arbeitstherapeutische oder sonstige Beschäftigung auszuüben, zu deren Verrichtung er auf Grund seines körperlichen

Zustandes in der Lage ist.« Auch wenn viele Gefangene froh sind, im monotonen Strafvollzug überhaupt einer Tätigkeit nachgehen zu dürfen, herrscht eine klare gesetzliche Arbeitspflicht.

Michel Foucault bemerkte dazu in seinem Buch *Überwachen und Strafen:* »Was bezweckt die Arbeit im Gefängnis? Nicht Gewinn und auch nicht die Formierung einer nützlichen Fähigkeit, sondern die Bildung eines Machtverhältnisses, einer leeren ökonomischen Form, eines Schemas der individuellen Unterwerfung und ihrer Anpassung an einen Produktionsapparat.«[4] Schuld für Verbrechen jeder Art sei ja meist ohnehin die Faulheit, wie ein französischer Gesetzestext von 1808 erklärt: Die »Besserung des Schuldigen« könne nur dann gelingen, »wenn der Übeltäter jenem unheilvollen Müßiggang entrissen wird, der ihn ins Gefängnis geworfen hat und ihn danach wieder ergreifen und auf die letzte Stufe der Verkommenheit schleudern würde.«[5]

Also: Wie frei sind wir denn? Einige Stichworte sprechen Bände über die Drangsalierung des Menschen durch Politik und Wirtschaft: »Sozialverträgliches Frühableben«, »Ich-AG«, »Humankapital«, »Entlassungsproduktivität«, »betriebsratsverseucht« – so lauten einige der Ausdrücke, die zwischen 1998 und 2009 zu Unwörtern des Jahres gekürt wurden.[6] Immerhin, wenigstens auf dem Papier regen sich noch ein paar Leute auf über diesen menschenfeindlichen Jargon.

1   Friedrich Nietzsche, *Morgenröthe*, KSA, Bd. 3, S. 154.

2   Helmut Kohl, »Regierungserklärung in der 182. Sitzung des Deutschen Bundestags zur Zukunftssicherung des Standorts Deutschland«, 21. Oktober 1993, www.helmut-kohl.kas.de/index. php?menu_sel=17&menu_sel2=&menu_sel3=&menu_ sel4=&msg=1470.

3   Guido Westerwelle, »An die deutsche Mittelschicht denkt niemand«, in: *Die Welt*, 11. Februar 2010, www.welt.de/debatte/article6347490/An-die-deutsche-Mittelschicht-denkt-niemand. html.

4   Michel Foucault, *Überwachen und Strafen. Die Geburt des Gefängnisses*, Frankfurt am Main 1994, S. 312.

5   Zitiert nach: Michel Foucault, *Überwachen und Strafen*, S. 308.

6   Liste der »Unwörter des Jahres«, www.unwortdesjahres.net.

DIE

MARKT-

GESELLSCHAFT

ODER:

VOLKES ZORN GEGEN DIE NICHTSTUER

»Wer arbeiten kann, aber nicht will,
der kann nicht mit Solidarität rechnen.
Es gibt kein Recht auf Faulheit in
unserer Gesellschaft.«[1]

GERHARD SCHRÖDER

Heute ist alles easy, alles erlaubt, nichts schockiert mehr. Außer vielleicht etwas zu viel Haut und Sex. Nur einer taugt noch zum Aufreger: der Arbeitsverweigerer. Der Faule. Der Nichtstuer und Nichtsnutz. Im Gegensatz zu einem Zuviel an Sex – bei dem die Aufregung oft künstlich, das insgeheime Wohlgefallen aber echt ist –, ist die Empörung über die Faulheit knallharte Realität und ohne doppelten Boden. Die Spezies der Faulen zieht den gesamten Volkszorn auf sich.

Der frühere Bundeskanzler Schröder wusste also genau, was er tat, um die Wähler hinter sich zu wissen. Selten hat eine Regierung die Armen und Ärmsten dermaßen bluten lassen wie die rot-grüne Koalition der Jahre 1998 bis 2003. Anlässlich des zehnjährigen, äh, »Jubiläums« der Agenda 2010 wiederholte Altkanzler Schröder sein Mantra: »Wer sich vorm Arbeiten drückt, muss mit Sanktionen rechnen.«[2] Seitdem leben Millionen Menschen mit Hartz IV, das bekanntermaßen weder zum Leben noch zum Sterben reicht. Selbst Menschen, die um jeden Preis arbeiten wollen, aber nicht können, bekommen das zu spüren.

Sei's drum, für alle Arbeitswilligen gab es ja 2006 den fantastischen Tipp des damaligen SPD-Parteichefs Kurt Beck an einen Jobsuchenden: »Wenn Sie sich waschen und rasieren, finden Sie auch einen Job.« Ohne Skrupel lässt der Dreitagebart tragende Beck seinen bitterbösen Zynismus durchblitzen. Als ob Millionen Rasierapparate den Millionen Arbeitslosen einen Job verschaffen könnten. Massenarbeitslosigkeit ist keine Frage der Körperpflege, sondern des kapitalistischen Systems – doch dazu später mehr.

Der Hass auf Arbeitslose und -unwillige hat System, gerade vor Wahlen. Wenn die Wirtschaft lahmt, kommen die faulen Sündenböcke wie gerufen. Das Feindbild hat aber auch noch eine andere Funktion: Politik, Medien und Stammtische vergewissern sich ihrer vermeintlichen Überlegenheit, indem sie über die faulen Müßiggänger hetzen. Der Faule, der Schmarotzer bestätigt also in seiner Funktion als Sündenbock den vermeintlich besseren Status derjenigen, die ihn beschimpfen:

»Nur noch eine gesellschaftliche Funktion bleibt den Ausgestoßenen: die des abschreckenden Beispiels. Ihr Schicksal soll alle, die sich bei der arbeitsgesellschaftlichen ›Reise nach Jerusalem‹ noch im Rennen befinden, im Kampf um die letzten Plätze immer weiter anstacheln und selbst noch die Masse der Verlierer in hektischer Bewegung halten, damit sie gar nicht erst auf den Gedanken kommen, gegen die unverschämten Zumutungen zu rebellieren.«[3]

Diejenigen, die keine Arbeit finden, bilden die industrielle Reservearmee: Sie sind bereit, ihre Arbeitskraft zu verkaufen, finden aber keinen Käufer – in der Tat ein abschreckendes Beispiel. Diejenigen aber, die Arbeit haben, brauchen gar keinen Aufseher in ihrem Arbeitsgefängnis: Sie überwachen sich selbst. Sie beobachten sich, sie kritisieren sich, sie stacheln sich gegenseitig an und sie mobben sich. Das Panoptikum in Perfektion: Es braucht nur einen einzigen Aufseher, nämlich den Arbeitszwang, um Millionen von Menschen im Zaum zu halten: »Derjenige, welcher der Sichtbarkeit unterworfen ist und dies weiß, übernimmt die Zwangsmittel der

Macht und spielt sie gegen sich selber aus; er internalisiert das Machtverhältnis, in welchem er gleichzeitig beide Rollen spielt; er wird zum Prinzip seiner eigenen Unterwerfung«, so formulierte es Foucault.[4]

Rückblende: 2003 wetterte die *Bild*-Zeitung gegen den Sozialschmarotzer »Florida-Rolf«, der Sozialhilfe beziehe und ein Appartement in Miami Beach habe, woraufhin die Bundesregierung ziemlich schnell reagierte: Sozialhilfe kann man seither nur noch dann beziehen, wenn man im gelobten Deutschland lebt. Es ist das ewig gleiche Gewäsch: »Leistung muss sich wieder lohnen« und so weiter. Die profilneurotischen Verkünder solcher Phrasen vergewissern sich ihrer Identität als fleißige Helden der Arbeit. Nur so können sie ihr eigenes emsiges Elend ertragen und sich jeden Morgen zur Arbeit schleppen.

Und was liest man von der Klatschpresse bis hin zum Feuilleton? Hämische Kommentare über die vermeintlich Faulen, die sich stets selbst in den Schlamassel reiten. Man hört zum Beispiel allerorten, dass die sogenannte Eurokrise nur deshalb ihr Unwesen treibe, weil die Südeuropäer stinkfaul seien. Was für ein menschenverachtender Quatsch. Die um sich greifende Massenarbeitslosigkeit ist keine Frage der Faulheit, sondern des röchelnden Kapitalismus. In Spanien und Griechenland haben zwei Drittel der Jugendlichen keinen Job, auf eine der seltenen Stellenanzeigen kommen in diesen Ländern über tausend Bewerbungen. Faule Südeuropäer? Abgesehen davon, dass solche Kommentare hierzulande lediglich dazu dienen, den eigenen Arbeitseifer in einem strahlenden Licht dastehen zu lassen, widersprechen sie schlichtweg der Faktenlage. Kaum einer erwähnt zum Beispiel, dass die Griechen mit durchschnittlich 2034 Stunden im Jahr weit mehr arbeiten als die »fleißigen« Deutschen (1397 Stunden), Schweizer (1636 Stunden) und Österreicher (1699 Stunden). Nicht nur die Griechen, sondern auch die Spanier (1686 Stunden), Portugiesen (1691 Stunden), Italiener (1752 Stunden) und Türken (1855 Stunden) arbeiten deutlich mehr.[5] Das Bild des faulen Südländers ist ebenso rassistisch wie falsch.

Der Glorifizierung der Arbeit in unserer Gesellschaft entspringt auch der Hang, großen Reichtum schon irgendwie okay zu finden, solange einer nur hart genug dafür gearbeitet hat. Aber wehe dem, der durch Glück zu Geld gekommen ist – obwohl fast jeder davon träumt, ohne Mühsal seinen Lohn einzufahren.

Das Forschungsprojekt »Gruppenbezogene Menschenfeindlichkeit« an der Universität Bielefeld hat 2007 erstmals das Phänomen der »Langzeitarbeitslosenabwertung« untersucht. Für das Jahr 2010 ermittelten die Sozialwissenschaftlerinnen und -wissenschaftler folgende Zahlen: Der Aussage, dass die meisten Arbeitslosen kaum daran interessiert seien, einen Job zu finden, schlossen sich 47,3 Prozent der Befragten an. 58,9 Prozent fänden es empörend, wenn Langzeitarbeitslose sich auf Kosten der Gesellschaft ein bequemes Leben machten.[6]

Aufschlussreich ist dabei die Feststellung, dass die Hetze gegen Arbeitslose und Arbeitsverweigerer mit dem Einkommen steigt. Wilhelm Heitmeyer, der Leiter des Projekts, sieht die Ursachen hierfür in einer »Ökonomisierung des Sozialen«, die mit einem Übergang der »Marktwirtschaft zur Marktgesellschaft« einhergehe. Menschen würden zunehmend unter dem Kriterium ihrer ökonomischen Nützlichkeit bewertet, das individuelle Schicksal interessiert dabei niemanden. Insbesondere die Wohlhabenden üben sich eifrig in ihrer Abwertung der Langzeitarbeitslosen:

»In der Selbstwahrnehmung der Vermögenden strotzen deren Biografien vor Effizienz, Nützlichkeit und Verwertbarkeit. Dazu kommen durch ihre Sozialisierung – etwa durch Abschottung, ihre Wohnlage – bestimmte Habitusmuster. Dazu gehört Gleichgültigkeit gegenüber Obdachlosen. Es gibt eine elitäre Parallelgesellschaft, in der ein eisiger Jargon der Verachtung herrscht und kaum Interesse an gesellschaftlichen Integrationsproblemen. Es gibt also keine Auseinandersetzung mit dem, was in unserer Gesellschaft geschieht. Es geht den Reichen bei ihrer Abschottung um die Sicherung ihres Status. Insofern gibt es sozusagen einen Klassenkampf von oben.«[7]

Der Tenor der Reichen ist eindeutig: Jeder ist seines Glückes Schmied. Die sogenannten sozial Schwachen müssen selbst schauen, wo sie bleiben und wie sie über die Runden kommen. Die Wohlhabenden grenzen sich ab vom Pöbel und ziehen sich zurück aus der Solidargemeinschaft. Kein Wunder, dass bei Heitmeyers Studie 25,8 Prozent der Aussage zustimmen, »dass moralisches Verhalten ein Luxus ist, den wir uns nicht mehr leisten können«. Folgerichtig sagen die Vermögenden ganz offenherzig, dass der Hartz-IV-Regelsatz noch viel zu hoch sei. Schließlich handelt es sich um Staatsknete, also auch um die Einkommenssteuer der arbeitenden Bevölkerung. Diejenigen, die das Geld haben, sehen in den vermeintlichen Sozialschmarotzern eine ökonomische Konkurrenz. Was überaus lachhaft ist, trägt realpolitische Früchte. Die Mehrheit prügelt mit Sanktionen und scharfen Worten auf die Minderheit ein. Das »victim blaming«, die Opferschelte, erfüllt seinen Zweck. All das sind Strategien der Manipulation, um Menschen auf ihren bloßen Nutzen und Mehrwert zu reduzieren, oder passender: auf ihre Verwertbarkeit. Im Kampf »jeder gegen jeden« entsolidarisiert sich die Gesellschaft; gleichzeitig sollen die Menschen gesellschaftsfähig gemacht werden, was nichts anderes heißt, als sie auf Arbeit zu drillen. Wer diese soziale Selektion nicht mitmachen will oder kann, kommt schnell unter die Räder.

1   Gerhard Schröder gegenüber der *Bild*-Zeitung am 6. April 2001.
    – Der CDUler Erich Riedl stimmte in den Chor der Hetze mit ein,
    nannte das »soziale Netz [...] eine Sänfte, in der man sich von den
    Steuern und Sozialabgaben zahlenden Bürgern unseres Landes von
    Demonstration zu Demonstration, von Hausbesetzung zu Hausbe-
    setzung, von Molotow-Cocktail-Party zu Molotow-Cocktail-Party
    und dann zum Schluss zur Erholung nach Mallorca oder sonst wo-
    hin tragen lässt«. Plenarprotokoll 9/40 vom 2. Juni 1981, S. 2121,
    zitiert nach: www.bpb.de/apuz/27813/faule-arbeitslose?p=all.

2   Gerhard Schröder gegenüber seinem liebsten Meinungsorgan, der
    Bild-Zeitung, am 11. März 2013.

3   Gruppe Krisis, *Manifest gegen die Arbeit*, Erlangen 1999, S. 7.

4   Michel Foucault, *Überwachen und Strafen*, S. 312.

5   Offizielle Daten der OECD für das Jahr 2012, www.stats.oecd.org/index.aspx?queryid=38908.

6   Ein Überblick zu den Ergebnissen des Forschungsprojekts »Gruppenbezogene Menschenfeindlichkeit« findet sich auf www.uni-bielefeld.de/ikg/projekte/GMF/EntwicklungGMF.html.

7   Interview mit Wilhelm Heitmeyer, auf: *Zeit Online*, 21. Dezember 2011, www.zeit.de/2011/52/DOS-Maria-und-Josef-Gespraech.

WAS IST
DAS:
ARBEIT?

*»Für jeden Dollar, den der Boss hat,
ohne dafür zu arbeiten,
hat einer von uns gearbeitet,
ohne einen Dollar dafür zu erhalten.«*[1]

BIG BILL HAYWOOD

Eine Schrift von Friedrich Engels trägt den vielsagenden Titel »Anteil der Arbeit an der Menschwerdung des Affens«. Der Umkehrschluss ist klar: Ohne Arbeit würden wir noch auf den Bäumen leben. Erst die Arbeit macht uns zu echten Menschen. Nur wer arbeitet, existiert auch und hinterlässt Spuren im Lebenslauf seiner selbst und der Welt. Der moderne Mensch muss schaffen und schuften, um sich seiner selbst gewahr zu werden. Folglich verbringen wir die meisten wachen Stunden unseres Lebens mit Arbeit.

Was ist überhaupt Arbeit in einer Gesellschaft, in der alles zur Arbeit deklariert wird? Wenn wir mit unseren Kindern spielen, leisten wir Erziehungsarbeit. Sport wird zum knallharten Work-out. Selbst die Wehklage um einen geliebten verstorbenen Menschen wird zur Trauerarbeit stilisiert. Und in Lifestyle-Magazinen lesen wir von der angeblich immensen Bedeutung der Traumarbeit – selbst im Schlaf terrorisiert uns dieser Dämon. Im Grunde ist jede geistige und körperliche Aktivität eine Form der Arbeit. Sobald wir den redensartlichen Finger krumm machen, arbeiten wir. Demnach gibt es einen Haufen Arbeit, der ebenso unbeachtet wie unbezahlt bleibt: Wir putzen und kochen. Wir waschen unsere Kleidung. Wir erziehen unsere Kinder und reparieren unseren Hausrat. Immer öfter sind das natürlich Dinge, die wir in fremde Hände legen – in die von Babysittern, Reinigungskräften, Bäckerinnen und Handwerkern –, weil wir bis zum Hals in unserer eigenen Erwerbsarbeit stecken. Apropos: Während die sogenannte Hausarbeit und auch die Care-Arbeit kaum gesellschaftliche Beachtung erfahren, gilt die Glorifizierung einzig der Erwerbsarbeit. Arbeit ist heutzutage nur dann verdienstvoll, wenn Kohle aufs Konto kommt. Wer aber glaubt, dass die Arbeit von Hausfrauen und -männern niedriger zu bewerten sei als die von Erwerbstätigen, folgt lediglich dem christlichen Ethos der Erwerbsarbeit. »Die herrschenden Gedanken sind die Gedanken der Herrschenden«, wusste Karl Marx und unterzog die Arbeit einer scharfen Kritik, genauer: die Lohnarbeit. Wenn ich hier die Arbeit verunglimpfe, dann meine ich damit weder Kindererziehung noch Kochen. Fernab des Spaßes ist Arbeit eine überlebensnotwendige, anthropologische Konstante, die für alle Menschen zutrifft. Als »nützliche Arbeit [...] ist die Arbeit daher eine von allen Gesellschaftsformen unabhängige Existenzbedingung des Menschen, ewige Naturnotwendigkeit, um den Stoffwechsel zwischen Mensch und Natur, also das menschliche Leben zu vermitteln«, wie Marx und Engels festhielten.[2]

Wenn ich durch die Straßen Berlins laufe, sehe ich überall Arbeit: Nicht nur die arbeitenden Menschen – Müllwerker, Friseure, Rettungssanitäterinnen, Verkäufer und so weiter –, sondern auch die Ergebnisse der Arbeit: Asphalt, Autos, Brücken, Häuser, Streetart, elektrisches Licht, Essen und Zeitungen. Würde man alle Dinge, an denen irgendwie Arbeit hängt, mit einem Schlag von der Bildfläche wischen, wären wir augenblicklich nackt, ohne Strom und fließendes Wasser. Arbeit ist also notwendig zum Überleben und deshalb unabdingbar – nicht aber die Art und Weise, *wie* wir arbeiten. Ich werde etwas später darauf zurückkommen, wie wir die Arbeit besser organisieren könnten.

Ja, wir schuften uns mit immer mehr Arbeit zugrunde. Doch vermutlich würden wir uns unendlich langweilen, wenn wir überhaupt nicht mehr arbeiten würden. Auch in diesem Sinne ist Arbeit eine anthropologische Konstante; der Mensch ist ein tätiges Wesen. Außerdem gibt es tatsächlich Arbeiten, die uns Freude bereiten können – aber die Jobs unserer Lebenswelt haben mit Spaß meist überhaupt nichts zu tun. Meine Kritik richtet sich, erstens, gegen die blinde Vergötterung der Arbeit und die kollektive Verschmähung der Muße, zweitens gegen den ausbeuterischen Verkauf der Arbeitskraft und, drittens, gegen die damit einhergehende Entfremdung. Auf die Frage, was Arbeit ist, antwortet Marx: »Die ›Arbeit‹ ist ihrem Wesen nach die unfreie, unmenschliche, ungesellschaftliche, vom Privateigentum bedingte und das Privateigentum schaffende Tätigkeit. Die Aufhebung des Privateigentums wird also erst zu einer Wirklichkeit, wenn sie als Aufhebung der ›Arbeit‹ gefasst wird.«[3]

Die Frage, was Arbeit ausmacht und wie sie in einer kapitalistischen Welt organisiert ist, füllt ganze Regalmeter. Verkürzt heißt Lohnarbeit nichts anderes als: Der Unternehmer hat Geld und Produktionsmittel (z. B. Maschinen und Rohstoffe), aber keine Arbeiter, die für ihn tätig sind. Der Arbeiter wiederum hat kein Geld, aber seine Arbeitskraft. Die muss er verkaufen, um Geld zu haben und überleben zu können. Der Unternehmer sitzt freilich am längeren Hebel, da er über ein großes Privateigentum verfügt – er kann stets mit Entlassungen drohen. Und ohne den mickrigen Lohn, den er zahlt, würden die Arbeiter verhungern. Also verkaufen sie ihre Arbeitskraft, während die Profite des Unternehmers noch oben schnellen. Dieser simple Kreislauf führt zur überall sichtbaren Ausbeutung der Erwerbstätigen. Nebenbei bemerkt ist nach Marx jede Form der Lohnarbeit gleichbedeutend mit Ausbeutung, nicht nur die schlecht bezahlte, wie gemeinhin der Begriff »Ausbeutung« gebraucht wird. Ausbeutung liegt immer dann vor, wenn jemand seine Arbeitskraft verkaufen muss – und der Käufer daraus einen Gewinn, den sogenannten Mehrwert erwirtschaftet.

Ein Fließbandarbeiter bei einem Autokonzern verdient gerade so viel, dass die Kosten seiner »Reproduktion« gedeckt sind, also Geld für Nahrungsmittel, Miete, Kleidung und Ähnliches. Sein Lohn steht in keiner Relation zu den enormen Geldsummen, die er durch seine Arbeitskraft für das Unternehmen erwirtschaftet, sprich Millionengewinne durch den Verkauf von Autos. So kommt es, dass ein Lohnarbeiter während einer Stunde Arbeitszeit vielleicht 5 Minuten für seinen eigenen Geldbeutel schuftet und die restlichen 55 Minuten für das Bankkonto seiner Firma. Martin Winterkorn, Vorstandsvorsitzender der Volkswagen AG, verdient jährlich rund 14,5 Millionen Euro; bei Dieter Zetsche, Vorstandsvorsitzender der Daimler AG, sind es immerhin noch 8,7 Millionen Euro. Umgerechnet auf die reguläre Arbeitszeit sackt Herr Winterkorn einen Stundenlohn von unglaublichen 8055 Euro ein.[4] Zetsche kommt auf stolze 4833 Euro pro Stunde – während die Leiharbeiter in den deutschen Daimler-Werken lumpige 8,19 Euro brutto pro Stunde erhalten.

Noch düsterer sind die Verhältnisse im Globalen Süden: Während H&M, KiK, Primark, Esprit, C&A und andere Textilkonzerne Milliardengewinne einfahren, verdient eine Näherin in Bangladesch keine 0,20 Euro pro Stunde – sofern sie die katastrophalen Arbeitsbedingungen überlebt. Klare Fälle von Ausbeutung. Noch klarer wird es, wenn man sich weitere Zahlen anschaut: Jeder und jede vierte deutsche Beschäftige arbeitet mittlerweile im Niedriglohnbereich, das heißt, er oder sie verdient weniger als 9,54 Euro brutto die Stunde.[5] Wer ist davon konkret betroffen? Fast 90 Prozent der Taxifahrer arbeiten für einen Niedriglohn, nicht besser sieht es aus bei Friseuren und Kosmetikern (85,6 Prozent), Reinigungskräften (81,5 Prozent) oder in der Gastronomie (77,3 Prozent).[6] Hätte das Statistische Bundesamt auch Studentinnen und Studenten und Kleinbetriebe mit weniger als zehn Beschäftigten erfasst (beide fallen aus der Statistik heraus), wären die Zahlen wohl noch alarmierender ausgefallen. Und wenn wir schon bei der Bekleidungsindustrie sind: Im vermeintlichen Hochlohn-Paradies Schweiz sorgte Anfang 2014 die Baustelle der neuen Zürcher Filiale eines spanischen Modelabels für Negativschlagzeilen. Die aus Spanien herbeigeholten Arbeiter sollen dort für Dumpinglöhne von teilweise um die 900 Franken beschäftigt gewesen sein.[7]

Ganz übel wird es bei der unbezahlten Arbeit: Nicht nur, dass die Haushaltsarbeit unbezahlt ist, auch das Schicksal der sogenannten Generation Praktikum schreit vor Ungerechtigkeit: Junge Menschen arbeiten 9-to-5 in einem Unternehmen, einer NGO oder einer Behörde und bekommen für ihre Arbeit keinen einzigen Cent. Unzählige Start-ups beschäftigen ein paar wenige

Angestellte, den Rest der Arbeit erledigen Praktikantinnen und Praktikanten. Sogar die Praktika beim Deutschen Bundestag sind meist unbezahlt, während das Parlament Milliarden Euro Steuergelder in den Sand setzt für die unsinnigsten Projekte. Der Praktikant braucht »Berufserfahrung«, er muss seinen Lebenslauf pimpen, er muss zeigen, dass er nützlich und als Arbeitskraft verwertbar ist, dass er sich als »high potential« melken lässt – und schon begibt er sich in den Strudel unbezahlter Arbeit. Ausbeutung de luxe: »Gerade deshalb, weil Geld das Ziel ist und nicht gesellschaftlicher Nutzen, existiert Arbeitslosigkeit«, wie die Glücklichen Arbeitslosen richtig feststellen.[8]

Glück kann man beim Arbeiten nur dann empfinden, wenn man ein selbst gestecktes Ziel erreicht. Nun, bei der Lohnarbeit kann man sich durchaus einreden, dass die Ziele des Arbeitgebers die eigenen sind. Aber tatsächlich arbeitet man, um dessen Ziele – namentlich Profit und vielleicht noch gesellschaftliche Anerkennung – zu verwirklichen. Ist man nicht im Besitz der Produktionsmittel und vor allem der Ergebnisse der eigenen Arbeit, stellt sich automatisch die Entfremdung ein. Insofern ist der Freiberufler, der Selbständige, meist sein eigener Herr. Doch die meisten von ihnen stecken dennoch im Teufelskreis der Verwertung. Lohnarbeit dient dazu, Güter zu produzieren, seien es Waren oder Dienstleistungen (analoger oder digitaler Art). Der Konsum, befeuert durch die Werbung, hält die Produktion am Laufen. Heute aber werden viele Waren und Dienstleistungen nur noch für den Selbsterhalt des Systems produziert – und selbst die Arbeit ist zum bloßen Produkt geworden:

»Die Ordnung der Arbeit war die Ordnung einer Welt. [...] Heute hängt Arbeit weniger mit der *ökonomischen* Notwendigkeit, Waren zu produzieren, zusammen als mit der *politischen* Notwendigkeit, Produzenten und Verbraucher zu produzieren, die Ordnung der Arbeit mit allen Mitteln zu retten. *Sich selbst* zu produzieren ist auf dem besten Weg, die herrschende Beschäftigung einer Gesellschaft zu werden, in der die Produktion gegenstandlos geworden ist: wie ein Tischler, den man seiner Werkstatt enteignet hätte und der sich in letzter Verzweiflung daranmachen würde, sich selbst abzuhobeln. Daher das Getue all dieser jungen Leute, die sich darin üben, für ihr Einstellungsgespräch zu lächeln.«[9]

Unter der Maskerade der fröhlichen Arbeitswelt liegt die Fratze der Knechtschaft. Wir lächeln auf der Sklavengaleere der Arbeit, bereit zum Entern des Arbeitsmarkts, in freudiger Erwartung der unsichtbaren Peitsche einer jederzeit drohenden Kündigung. Und wenn wir arbeiten, dann arbeiten wir nicht wirklich: Tausende Marketing-Fuzzis, Werber und PR-Agentinnen preisen mit hohlen Phrasen und idiotischen Heilsversprechen Konsumgüter an, ohne etwas Konkretes zu schaffen. Tausende Human-Resources-Manager (welch entlarvendes und grausiges Wort) pferchen ihre Mitarbeiter in lächerlichen Motivationskursen zusammen, ohne ihnen irgendetwas sinnvolles zu vermitteln. Und Tausende Börsenmakler jonglieren mit Geld und imaginären zukünftigen Geldern, weil unser System nun mal auf Geld basiert, ohne dabei »produktiv« zu arbeiten.

Krankenpfleger, Bäuerinnen, Mechaniker, Postboten, Lehrerinnen, Bus- und Bahnfahrer, Handwerker, Müllwerker arbeiten und produzieren *tatsächlich* – täten sie es nicht, würde die Gesellschaft sofort im Chaos versinken. Ein Streik von PR-Leuten würde niemanden auch nur ansatzweise jucken, streiken jedoch zum Beispiel Hafenarbeiter oder Fluglotsen, kann die ganze Wirtschaft lahmgelegt werden. Allein das zeigt, wie viele künstliche Nonsense-Jobs es gibt, die de facto keinen ersichtlichen Nutzen haben, da in diesen Jobs nicht wirklich etwas geschaffen wird. Und auch Geld arbeitet nicht, wie so oft behauptet wird; selbst derjenige, der mit Geld arbeitet, produziert nichts Konkretes – höchstens Geldblasen und anschließende Wirtschaftskrisen. Der Gipfel der unproduktiven Arbeit: Tausende Verwaltungsangestellte haben nur deshalb eine Arbeit, weil sie die Arbeitslosen verwalten. Und all die »Maßnahmen«, Trainings und Coachings der Jobcenter dienen nur dem Zweck, die Anbieter dieser dubiosen Maßnahmen in Lohn und Brot zu halten. Da werden gerne mal studierte Informatiker zum Anfänger-Computerkurs geschickt. Und ausgebildete Köche sollen plötzlich Buchbinderkenntnisse erwerben. Nichts gegen Buchbinder, aber dieses Berufsbild ist so lebendig ist wie ein Dinosaurier. Haben wir sie noch nicht entdeckt, die Fossilien der Arbeit?

1 Big Bill Haywood, Mitbegründer und Leiter der IWW (Industrial Workers of the World), zitiert nach: Peter Carlson, *Roughneck. The Life and Times of Big Bill Haywood*, New York 1983, S. 146 (Übersetzung P.S.).

2   Karl Marx / Friedrich Engels, *Das Kapital*, MEW, Bd. 23, S. 57.

3   Karl Marx, *Über Friedrich Lists Buch »Das nationale System der po-
     litischen Ökonomie«*, MEW, Bd. 23, S. 436.

4   Rechnung: 225 durchschnittlich geleistete Arbeitstage jährlich × 8
     Arbeitsstunden am Tag = 1800 Arbeitsstunden jährlich. 14,5 Milli-
     onen Euro : 1800 Stunden = 8055 Euro Stundenlohn. Geht man
     z. B. davon aus, dass Martin Winterkorn 12 Stunden täglich arbei-
     tet, ergibt sich ein Stundenlohn von 5370 Euro.

5   Pressemitteilung des Instituts für Arbeitsmarkt- und Berufs-
     forschung vom 25. Juli 2013, www.iab.de/de/informationsservice/
     presse/presseinformationen/kb1513.aspx.

6   Tagesschau, 10. September 2012, www.tagesschau.de/wirtschaft/
     niedriglohnsektor104.html.

7   *Tages-Anzeiger*, 24. Februar 2014, www.tagesanzeiger.ch/zuerich/
     stadt/ZaraBaustelle-an-Bahnhofstrasse-geschlossen/sto-
     ry/18833078.

8   Die Glücklichen Arbeitslosen, *Mehr Zuckerbrot, weniger Peitsche*,
     S. 35. – Ich verdanke diesem Buch entscheidende Impulse.

9   Unsichtbares Komitee, *Der kommende Aufstand*, Hamburg 2010,
     S. 31 f.

DIE OUT-
GESOURCTE
SKLAVEREI

»Work it harder, make it better
do it faster, makes us stronger
More than ever, hour after
our work is never over.«

DAFT PUNK

Ausbeutung de luxe? Aber den Menschen geht's doch ganz gut! Diesen Einwand kann nur formulieren, wer blind ist gegenüber der realen Lebenswelt. An unseren Konsumartikeln klebt das Blut der Welt. Es ist und bleibt ein Mythos, dass wir die Sklaverei abgeschafft haben. Wir haben sie lediglich outgesourct, wie wir auch die Produktion und Verarbeitung hochgiftiger Stoffe in der Textil- oder Computerindustrie outgesourct haben. Die massive Umweltverschmutzung findet nun in anderen Teilen der Welt statt, sodass wir uns schön sauber und öko fühlen können. Der Kohle-Tagebau ist nach China abgewandert, unsere Autowracks und alten Handys werden nach Afrika und Asien verschifft und die wertvollen Metalle der seltenen Erden lösen indische Kinder mit hochgiftigen Chemikalien aus unseren alten Laptops und Smartphones.

Viele der outgesourcten Sklavinnen und Sklaven sind in die Mühlen des Menschenhandels geraten und werden gegen ihren Willen zur Arbeit gezwungen – vorsichtige Schätzungen gehen von 27 Millionen betroffenen Menschen aus. Allein in der Elfenbeinküste arbeiten über 200 000 Kinder als Arbeitssklaven auf Kakaoplantagen. Diese Kinder sind nicht etwa Lohnsklaven wie bei uns, sie sind echte Sklaven, verkauft von Menschenhändlern, gefangen hinter Zäunen und überwacht von bewaffneten Aufsehern. Die Kinder schuften bis zu fünfzehn Stunden täglich und sprühen ohne Schutzbekleidung hochgiftige Pestizide auf die Pflanzen. Mehr als fünfzig Prozent des Kakaos, den sich die Deutschen genüsslich auf der Zunge zergehen lassen, stammt von diesen Plantagen. Es ließen sich zig andere Beispiele anführen ... Wenn von Fortschritt und Wachstum gefaselt wird, kann man sich heutzutage sicher sein, dass das Elend fortschreiten und wachsen wird.

Hier und da hört man, die antike Sklaverei sei eine frühe Spielart des modernen Kapitalismus gewesen. Es gilt aber auch der Umkehrschluss: Der moderne Kapitalismus ist bloß eine Spielart des antiken Sklaventums. Das Ganze wird heutzutage nur etwas hübscher verpackt, aber de facto leben Milliarden von Menschen in der Sklaverei der hochtechnologisierten Industriestaaten. Bloß dass sie nun weit weg außer Sichtweite schuften: Die Näherinnen, die in Bangladesch unsere Klamotten schneidern, arbeiten sechzehn Stunden täglich, sechs Tage die Woche, atmen hochgiftige Dämpfe ein, verstümmeln sich ihre Hände an den hochätzenden Chemikalien und sehen weder ihre Kinder noch die Sonne in den abgeschotteten und einsturzgefährdeten Arbeitshöllen.

Das einzige Ziel des Kapitalismus ist der Profit, ihm und nur ihm dienen auch all die Waren und die sie umtänzelnden Dienstleistungen. Sie sind nicht Zweck, sondern Mittel, um immer mehr Geld anzuhäufen. Nach Abzug aller Ausgaben (für den mickrigen Lohn, für die Produktionsmittel, für Energiekosten und für das Arbeits- und »Menschenmaterial«) streicht das Unternehmen den Mehrwert ein. Die Zahlen sprechen für sich:[1] Die gegenwärtige Verteilung des Geldes in der westlichen Welt ist so gerecht wie die Vermögensverhältnisse zwischen Donald und Dagobert Duck – von den Entwicklungsländern ganz zu schweigen. In Deutschland zum

Beispiel besitzen die oberen 10 Prozent über zwei Drittel des Gesamtvermögens. Schlimmer noch: Die reichsten 0,1 Prozent (also weniger als 70000 Bundesbürger) horten knapp ein Viertel des Gesamtvermögens. Und um die Zahlenspiele weiterzutreiben: Die oberen 0,5 Prozent (also um die 350000 Bundesbürger) besitzen gemeinsam so viel Vermögen wie die unteren 90 Prozent (also um die 63000000 Bundesbürger). Deutschland ist hinter den USA und Japan auf Platz drei der meisten Dollar-Millionäre – diese drei Staaten beherbergen rund 53,3 Prozent aller Millionäre weltweit. Und ihre Zahl steigt, trotz Weltwirtschaftskrise, weiter an: 2011 gab es in Deutschland drei Prozent mehr Millionäre als noch im Vorjahr, ein Anstieg von 923900 auf 951200 Personen.

»Reicher Mann und armer Mann / Standen da und sahn sich an. / Und der Arme sagte bleich: / Wär ich nicht arm, wärst du nicht reich.«[2] Die Verse von Bertolt Brecht bewahrheiten sich heute mehr denn je. Wohin man blickt, klafft die soziale Schere immer weiter auseinander: Das obere 1 Prozent der US-Amerikaner (also jener Teil der Bevölkerung, der den unteren 99 Prozent der Occupy-Bewegung entgegensteht) verdient ein Viertel des gesamten Einkommens und besitzt die Hälfte aller Wertpapiere und die Hälfte des gesamten nationalen Vermögens. Das obere eine Prozent der Weltbevölkerung bunkert mit über 110 Billionen US-Dollar fast die Hälfte des globalen Reichtums. Und die 85 reichsten Menschen besitzen ebenso viel wie die ärmere Hälfte der Weltbevölkerung zusammen. Es ist ja nicht so, dass es kein Geld mehr gäbe für die Armen und Ärmsten. Es liegt auf den

Konten der Topmanager, Erbmillionäre, Spitzensportler und Promis. Haben sie dafür genauso hart gearbeitet wie die Lohnsklaven? Man darf zweifeln …

Die Drangsalierung indes geht weiter. So behauptet die neoliberale Wirtschaftswissenschaftlerin Esther Duflo – Beraterin von Barack Obama und heiße Anwärterin auf den Nobelpreis – unumwunden, dass die Armen selbst schuld seien an ihrer Misere. Knallharte Lösungen hat sie auch parat, hier nur einer von vielen ihrer menschenverachtenden Vorschläge: Im bitterarmen Kenia stehen die Lehrer vor dem Problem, dass sie wegen ihrer schlechten Bezahlung nebenher jobben müssen, was zu hohen Fehlzeiten in der Schule führt. Statt dieses Problem mit Lohnerhöhungen (oder gar massiven politischen Maßnahmen) zu bekämpfen, schlägt Duflo tatsächlich vor, ab sofort die Arbeitsverträge der Lehrer zu befristen – das steigere die Motivation der Lehrer. Mit vollem Bauch und Konto am Schreibtisch sitzend lassen sich solche Schikanen natürlich bequem in die Welt posaunen.[3]

Aus den Augen, aus dem Sinn – aber nicht aus der Welt. Tausende Kilometer entfernt organisiert der Westen systematisch die völlige Ökonomisierung des Menschen zum »Menschenmaterial«, ein zynischer Begriff, der – von Marx zunächst im ökonomischen Sinn, dann, im Zuge der beiden Weltkriege, eher im militärischen Kontext verwendet – zum Unwort des 20. Jahrhunderts gekürt wurde. Die Bewohner der westlichen Industriestaaten werden an der kurzen Leine gehalten; die Bewohner der ärmeren Länder werden gnadenlos ausgebeutet. Über eine Milliarde Menschen weltweit hungern, und über 40 Prozent der Menschen weltweit arbeiten für weniger als 1 US-Dollar täglich. Im Kapitalismus herrscht ein permanenter Wachstumszwang, zu dem die Überproduktionskrisen gehören wie Asterix zu Obelix. Überall in den Medien lesen wir von Wettbewerb und Wachstum. Wachstum wohin? Wir müssen mit dem Wachstumswahn aufhören! Das forderte bereits Paul Lafargue in seinem 1883 verfassten Manifest *Das Recht auf Faulheit. Widerlegung des »Rechts auf Arbeit« von 1848.* Lafargue, Schwiegersohn von Karl Marx, hat den Untertitel bewusst gewählt. Das Recht auf Arbeit sei ein Recht auf Elend: »Arbeitet, arbeitet, Proletarier, vermehrt den gesellschaftlichen Reichtum und damit euer persönliches Elend. Arbeitet, arbeitet, um, immer ärmer geworden, noch mehr Ursache zu haben, zu arbeiten und elend zu sein. Das ist das unerbittliche Gesetz der kapitalistischen Produktion.«[4]

Die chinesische Stadt Shenzhen ist der Inbegriff der ausbeuterischen Zerstörung des »Menschenmaterials«. 1982 hatte die Stadt noch um die 350 000 Einwohner, 2010 waren es bereits 10 Millionen mehr. Die Arbeitssklavinnen und -sklaven dort stellen Konsumgüter für die ganze (wohlhabende) Welt her: Computer, Smartphones, Kleidung, Spielzeug. Der größte Elektronikhersteller der Welt, Foxconn, betreibt in Shenzhen eine gigantische Fabrik. Dort lassen die IT-Giganten ihre Konsumgüter produzieren: Apple, Sony, Nokia, Microsoft, Acer, Amazon, Dell, Toshiba, Hewlett-Packard, Intel, Nintendo und erschreckend viele mehr. Die iSlaves bei Foxconn arbeiten 15 Stunden am Tag und verdienen umgerechnet 40 Euro im Monat, was selbst in

China kaum zum Leben reicht. Auch vor Zwangsarbeit schreckt Foxconn nicht zurück. Im September 2012 berichtete die *Shanghai Daily*, dass rund 200 Studenten aus der ostchinesischen Provinz Jiangsu gezwungen wurden, ihr Studium zu unterbrechen, um in der dortigen Foxconn-Fabrik das kommende iPhone 5 zusammenzubauen.[5] Der Veröffentlichungstermin des iPhone 5 rückte näher, Foxconn hatte nicht genügend Arbeiterinnen und Arbeiter und die Konsumentinnen und Konsumenten im Westen lechzten schon seit Monaten nach ihrem neuen Spielzeug mit dem leuchtenden Apfel. Im Juli 2013 veröffentlichte die Organisation China Labour Watch einen umfassenden Bericht zum Thema Foxconn und Pegatron, ein taiwanesischer Zulieferer von Apple, der ebenfalls in China produziert.[6] Mehr als 10 000 Schüler und Studentinnen müssen bei Foxconn und Pegatron arbeiten, die Dozenten, Schulen und Unis kassieren einen Teil des Lohns für die Vermittlung. Minderjährige und Schwangere arbeiten in 12-Stunden-Schichten und müssen dabei ununterbrochen stehen. Was sind schon Menschen?

Geiz ist geil. Die Konsumentinnen und Konsumenten wollen das todsichere Schnäppchen oder, im Fall der maßlos übertellerten Apple-Produkte, das todschicke Design. Währenddessen haben die Foxconn-Chefs wegen der zahlreichen Suizidfälle riesige Drahtnetze zwischen die Hochhäuser gespannt. Und ihre aufgestaute Wut sollen die schwer bewachten Arbeitssklaven in einem Raum auslassen, in dem große Stoffpuppen und Baseballschläger für den Aggressionsabbau bereitliegen. Prügeln sollte man nicht die Puppen angesichts dieser Verhältnisse ... Apropos Puppen: Rund 75 Prozent aller Spielsachen weltweit kommen aus China, auch jene, die in europäischen Geschäften angeboten werden. In Shenzhen und den unzähligen Klonfabriken werden die putzigen Spielsachen für Disney, Ravensburger, Mattel, Hasbro Co. produziert. Auch hier sind die Arbeitsbedingungen alles andere als ein Kinderspiel.

Der industrialisierte Norden wächst sich kaputt, während andernorts einzig das Elend wächst. »Jedes Kind, das an Hunger stirbt, wird ermordet«, so die zutreffende Anklage Jean Zieglers, 2000 bis 2008 UN-Sonderberichterstatter für das Recht auf Nahrung. Alle fünf Sekunden verhungert auf der Welt ein Kind unter zehn Jahren, über 57 000 Menschen jeden Tag. Unser Wohlstand basiert auf einem permanenten Massenmord. Und wenn in milliardenschweren Schwellenländern wie Indien oder China die Menschen ein Auto, ein Haus, ein Smartphone und ein Steak haben möchten, wer vermag ihnen dann diesen Wunsch abzustreiten, solange die Wohlhabenden dieses Übermaß vorleben und sonntags ihre Zweitwagen waschen? Ein hochgradig übertriebenes Konsumniveau von ein paar Millionen Reichen einerseits und ein hochgradig inhumanes Elend von Milliarden Menschen andererseits – das kann nur in einer humanen Katastrophe münden. Es ist ein Irrglaube, dass es beim Wachstum und Fortschritt einen Zielzustand, ein Paradies auf Erden geben kann. Wachstum gibt es nur um des Wachstums willen.

1   Für die folgenden Zahlen www.thewealthreport.net/
    The-Wealth-Report-2012.pdf sowie www.diw.de/documents/
    publikationen/73/diw_01.c.378111.de/diw_sp0397.pdf.

2   Bertolt Brecht, *Gedichte (1933–1938)*, in: ders., *Gesammelte Werke*,
    Bd. 9, Frankfurt am Main 1967, S. 513.

3   Esther Duflo, *Kampf gegen die Armut*, Berlin 2013, S. 49 f.

4   Paul Lafargue, *Das Recht auf Faulheit*, S. 24.

5   *heise online*, 7. September 2012, www.heise.de/newsticker/
    meldung/Bericht-Studenten-muessen-iPhone-5-zusammen-
    bauen-1702705.html.

6   China Labour Watch, »Apple's unkept promises«, 29. Juli 2013,
    www.chinalaborwatch.org/pdf/apple_s_unkept_promises.pdf.

ERST DIE ARBEIT, NIE DAS VERGNÜGEN

»Denn das Leben und die Zeit des Menschen sind nicht von Natur aus Arbeit, sie sind Lust, Unstetigkeit, Fest, Ruhe, Bedürfnisse, Zufälle, Begierden, Gewalttätigkeiten, Räubereien etc. Und diese ganze explosive, augenblickhafte und diskontinuierliche Energie muss das Kapital in kontinuierliche und fortlaufend auf dem Markt angebotene Arbeitskraft transformieren.«[1]

MICHEL FOUCAULT

»The West is the Best«, sangen The Doors 1967 ironisch in ihrem Lied *The End*. Auch im Westen sind wir Sklaven der Lohnarbeit. Zwar werden wir nicht verkauft oder vermietet, doch letztlich vermieten und verkaufen wir uns tagtäglich selbst. Während die Ausbeuter in der Dritten Welt ungeniert ihr Unwesen treiben, geht es in der Ersten Welt etwas subtiler zu.

Oft geschieht es ganz leise, aber keineswegs zufällig. So lassen findige Unternehmen die Pausenräume ihrer Mitarbeiterinnen und Mitarbeiter in roten Farbtönen streichen, um sie möglichst rast- und ruhelos zu halten: Studien zeigen, dass viele Affenarten höchst unruhig werden, wenn sie einer roten Umgebung ausgesetzt sind, denn die Farbe Rot signalisiert vielen Säugetieren den Anbruch der Abenddämmerung, eine Zeit, zu der ihre natürlichen Feinde mit der Jagd beginnen.[2] Aus diesem Grund sind Stoppschilder in roter Farbe gehalten – und immer mehr Pausenräume.

Früher ging es natürlich etwas weniger feinsinnig zu: Michel Foucault zitiert eine französische Anordnung aus dem 19. Jahrhundert, die den Arbeitern in den Fabriken vorgelegt wurde: In den Pausen »sollen keine Abenteuergeschichten erzählt oder sonstige Unterhaltungen geführt werden, welche die Arbeiter von ihrer Arbeit ablenken.«[3] Nicht zufällig kennt man diese Form der Kontrolle und Disziplinierung aus der Schule, dient die Penne doch vor allem dem Zweck, die künftigen Arbeitssklavinnen und -sklaven auf Linie zu bringen. Wenn es heute hier und da etwas lockerer zugeht, dann auch nur deshalb, weil der militärische Drill nicht zum erwünschten Ergebnis geführt hat. Dösen darf man jetzt beim gezielten »Powernapping«, einem leistungsfördernden Kurzschlaf um die zwanzig Minuten, der allein dem Zweck dient, dass die ausgebrannten Mitarbeiterinnen und Mitarbeiter neue Energie tanken. Die Methoden ändern sich, die Ziele nicht.

Erste Vorläufer gab es schon mit dem 1925 gegründeten Deutschen Institut für technische Arbeitsschulung (DINTA), auf dessen Empfehlung hin die Betriebe Kindergärten, Beratungsstellen und Sportangebote bereitstellten. Erklärtes Ziel war der »Kampf um die Seele des Arbeiters«. Gemäß dem Motto der DINTA – »Erziehung des Menschen für die Wirtschaft« – sollte der Betrieb zur »Heimat« werden.[4]

Manch einer wünscht sich vielleicht schon die alten, mürrischen Chefs zurück, die in der Old Economy mit autoritärem Gehabe das Zepter geschwungen haben. In der New Economy sind solche Zigarren-Ledersessel-Choleriker passé. Der Chef ist ein Pseudokumpel, er stellt für seine Angestellten einen Kickertisch hin, kommt mit Flip-Flops ins Büro und trommelt nach Feierabend alle zum After-Work-Bierchen zusammen. Okay, hier und da mag das ja nett sein, ich trage auch lieber Jeans als Anzug. Das Problem liegt in der häufig bloß gespielten Lockerheit: Denn hier herrscht nicht nur der altbekannte Leistungszwang, hinzu kommen nun auch noch Gruppenzwang, Fröhlichkeitszwang, Optimismuszwang. Die ach so hippen Chefs der Generation 2.0 versuchen krampfhaft, »Leben in die Todeszone der Arbeit zu injizieren«.[5] Natürlich geht es nicht um Fröhlichkeit, es geht um Leistung. Und wo der Chef als Puffer wegfällt, lastet der Leistungsdruck umso stärker auf den Schultern der Angestellten: Persönliche Kennziffern und Leistungsbarometer ersetzen den Befehlshaber: »Die Kontrollgesellschaften sind dabei, die Disziplinargesellschaften abzulösen«, schrieb der Philosoph Gilles Deleuze.[6] Wo früher der Chef seine Untergebenen herumkommandierte, um ihnen Disziplin einzutrichtern, kontrollieren sich die Untergebenen heute selbst. Nach Feierabend fragen wir uns: Kann ich nicht noch eine Stunde länger bleiben, um dies und das zu erledigen? Das Foucault'sche Panoptikum ist hier fast schon unsichtbar, von außen kommt die Disziplinierung nur noch in kleinen Häppchen, die easy und cool wirken sollen: So muss man sich beispielsweise am »Pyjama-Working-Day« lächerlich machen und im Schlafanzug bei der Arbeit aufkreuzen. Wer da nicht mitmischt, ist bestenfalls ein Spielverderber und schlimmstenfalls heißer Anwärter für die nächste Kündigungswelle. Wir sollen am Arbeitsplatz lachen und fröhlich sein – es gibt kein besseres Mittel, um unsere Arbeitskraft anzuzapfen. Entweder Zuckerbrot oder Peitsche. Die Peitsche wurde mit der Sklaverei outgesourct, wir haben das Zuckerbrot, was ganz andere Probleme mit sich bringt – subtile Formen der Entfremdung, Burn-out, Flucht und Eskapismus in Drogen, Extremsport, Esoterik, Hollywood-Buddhismus oder gar Suizid.

Hinzu kommt ein gnadenloses Mobbing gegen alle, die gegen den Strom schwimmen. Und als Sahnehäubchen bekommen die Lohnarbeiterinnen und -arbeiter, egal ob bei Versicherungen oder Klamottenläden, wöchentlich vor die Nase gesetzt, wie viel sie geleistet und verkauft haben; manchmal sogar per öffentlichem Aushang. Das schlechte Gewissen und die Angst vor der Kündigung ergeben sich da ganz von selbst. Auch hinter dem Anstrich der hippen Arbeitskultur thront die undurchdringbare Betonwand aus »Mitarbeitermonitoring« und »Wettbewerb«. Hinzu kommt: Ob mürrischer Chef der alten Schule oder Kumpelchef der New Economy: Wer die Produktionsmittel kontrolliert, der kontrolliert auch die Menschen – ob Arbeiter, Angestellte oder Freiberufler. Die Machtverhältnisse haben lediglich einen hippen Anstrich erhalten. Nicht nur, dass wir seit jeher drangsaliert werden – heute müssen wir deshalb auch noch fröhliche Miene zum bösen Spiel machen. Klar, wer immer in der glücklichen Lage ist, mehr als zwei Synapsen zu haben, der durchschaut das Kasperletheater. Dennoch versetzt das ihn oder sie noch lange nicht, wie Theodor W. Adorno erkannt hat, in die Lage, auszubrechen: »Der Distanzierte bleibt so verstrickt wie der Betriebsame; vor diesem hat er nichts voraus als die Einsicht in seine Verstricktheit und das Glück der winzigen Freiheit, die im Erkennen als solchem liegt. Die eigene Distanz vom Betrieb ist ein Luxus, den einzig der Betrieb abwirft.«[7]

Wir haben innerlich die Kündigung schon längst unterschrieben und bleiben äußerlich doch Gefangene, unfähig, wir selbst zu sein oder »authentisch« – das Zauberwörtchen, dessen Quintessenz wir mit jeder werbegeschwängerten Lifestyle-Limo zu uns nehmen. Die Botschaft der New Economy ist klar: »Hier herrscht der totale Spaß. Nicht dein Arbeitsplatz ist das Problem, nicht die kapitalistische Welt, nicht der unentwegte Leistungsdruck, sondern *du* bist das Problem! Du leistest zu wenig, du musst fitter und schneller werden, du musst dich optimieren.« Wer diesen Irrsinn auch nur halbwegs zu kritisieren wagt, gilt als »Minderleister«. Die Spezies der Minderleister – also alle geistig Gesunden, die unter normalem Pulsschlag arbeiten – ist der perfekte Prügelknabe für die karrieregeilen Emporkömmlinge. Schaut her, ich arbeite bis 23 Uhr nachts im Büro, während die »low performer«, wie sie im Englischen sinnbildlich heißen, schon um 20 Uhr den Feierabend einläuten. Das Burn-out, laut Definition ein »arbeitsassoziierter Erschöpfungszustand«, hat seit 2004 um 1400 Prozent zugenommen; während 2004 nur 0,6 Burn-out-bedingte Fehltage auf 100 Versicherte kamen, stieg diese Ausfallrate bis 2011 auf 9 Fehltage.[8] Schöne neue Arbeitswelt.

Wer nicht zu den Minderleistern gehört und brav in den Chor der organisierten Fröhlichkeit einstimmt, darf tun und lassen, was er will. Wir können im Che-Guevara-T-Shirt an unserem iBook im Start-up-Büro hocken und werden trotzdem von unseren Geldgebern bejubelt, solange wir nur fleißig schuften. Genau hier ist der moderne Kapitalismus ein Meister im Einverleiben: Noch die schärfste Kritik eignet er sich an. Sei es bei der Musik, beim kapitalismuskritischen Punk oder Hip-Hop, die kommerzialisiert und dadurch mundtot gemacht werden; sei es, dass man nun mit dem Kauf eines Kaffees von Starbucks angeblich den hungernden Kindern in Südamerika hilft oder mit einem Kasten Bier gleich den ganzen Regenwald rettet. Der Konsument lässt sich hier auf eine moderne Spielart des mittelalterlichen Ablasshandels ein – wir gaukeln uns vor, uns von allen

Sünden freikaufen zu können. Der Konzern wiederum könnte, wenn er nur wollte, mit seinen Gewinnen tatsächlich alle Regenwälder der Welt retten. Kein Unternehmen, kein Konzern, der heute nicht »nachhaltig« sein will. Das hübsch klingende Stichwort lautet »corporate social responsibility«. Wir haben es zu tun mit Unternehmen, die tatsächlich behaupten, der Gesellschaft etwas zurückzugeben. Aber bitteschön nur, wenn wir auch ihre Produkte kaufen. Durch penetrantes Greenwashing versucht eine wachsende Zahl von Firmen, der Kritik an ihrem umwelt- und menschenfeindlichen Handeln den Wind aus den Segeln zu nehmen. Wir konsumieren neuerdings »all inclusive«, Opposition und Revolte sind schon im Produkt mit einbegriffen. Modelabels fotografieren abgehalfterte Models vor Fabrikruinen und in Armenvierteln – gekleidet in überteuerte Klamotten – und kommerzialisieren so das Elend und die »roughness« der harten Arbeitswelt. Ölverschmierte, muskelbepackte Männer in blitzblanksauberen, sauteuren Jeans – was für eine krude Image-PR. Der Niveaulimbo ist ebenso offensichtlich wie werbewirksam.

Das kapitalistische System absorbiert die Kritik, marginalisiert sie oder verkauft Elemente daraus als eigenes Produkt. Subkulturen werden Mainstream. Sich dieser Vereinnahmung zu widersetzen, ist schwierig genug. Kurt Cobain ließ sich gedanklich nicht verbiegen, litt aber extrem unter dem Vereinnahmungsdruck von Plattenfirmen, Medien und Werbeträgern, am Ende erlöste ihn ein Gewehr. Die Erlösung des überarbeiteten Lohnsklaven lautet Downshifting: Ein edler Gedanke, den man sich aber natürlich erst einmal leisten können muss. Downshifting beschreibt den Trend, intensiver und zufriedener zu leben statt im Hamsterrad Einkommen, Karriere und Luxus hinterherzulaufen. Fragt sich bloß, wie lange es überhaupt noch Arbeit gibt, der man hinterherlaufen kann.

1   Michel Foucault, »Die Macht und die Norm«, in: *Mikrophysik der Macht*, Berlin 1976, S. 114–123, hier S. 117.

2   Nicholas Humphrey / Graham Keeble, »Effects of Red Light and Loud Noise on the Rate at which Monkeys Sample the Sensory Environment«, in: *Perception*, 7, 1978, S. 343–348.

3   Michel Foucault, *Überwachen und Strafen*, S. 193.

4   Peter C. Bäumer, *Das Deutsche Institut für technische Arbeitsschulung*, München 1930.

5   Carl Cederström / Peter Fleming, *Dead Man Working*, Berlin 2013, S. 26.

6   Gilles Deleuze, »Postskriptum über die Kontrollgesellschaften«, in: ders., *Unterhandlungen 1972–1990*, Frankfurt am Main 1990, S. 254–262, hier S. 255.

7   Theodor W. Adorno, *Minima Moralia. Reflexionen aus dem beschädigten Leben*, Frankfurt am Main 1991, S. 23.

8   Tomasz Konicz, »Die kränkelnde Arbeitsgesellschaft«, auf: *Telepolis*, 30. Dezember 2012, www.heise.de/tp/artikel/38/38240/1.html.

KEINE
ARBEIT
IST BESSER
ALS JEDE
ARBEIT

*»Wird sich nicht die Menschheit
in ein einziges kolossales
Lumpenproletariat verwandeln?«*[1]

GÜNTHER ANDERS

Wir haben eine Arbeitsgesellschaft ohne Arbeit! Jaja, noch arbeiten wir doch, oder? Aber was wird da eigentlich gearbeitet? Finanzjongleure bewegen sich im virtuellen Raum, Werbefuzzis machen aufgeblähte Kampagnen. Man drischt Phrasen statt Getreide. Wir leben in einer Plastikwelt, deren Innerstes von Bits und Bytes zusammengehalten wird. Zieh den Stecker und: *rien ne va plus.* Wollten wir nur etwas Gesundes zu essen, gute Kleidung, ein Dach über dem Kopf, ein Buch in der Hand und immaterielle Werte wie Freunde, Familie, Gespräche, Sex und Spaß – die Arbeit könnte zu einem guten Teil von den Maschinen erledigt werden!

Was mit der Spül- und Waschmaschine in den eigenen vier Wänden anfängt, endet mit vollmechanisierten und durchdigitalisierten Fabrikhallen und Büroräumen. Die digitale Revolution ist ein Meilenstein: Die Produkte der Digitalisierung rationalisieren schon im vornherein ihre eigene Produktion: Ein Computer – nicht ein Mensch – berechnet und entwirft neue Computer. Ein Roboter baut weitere Roboter. Hier und da hockt eine hochqualifizierte Ingenieurin in ihrem Büro und startet und überwacht den Produktionsprozess. Hier und da regelt ein Manager die Geschäfte. Hier und da laufen unterbezahlte Leiharbeiter herum und putzen die Maschinen oder bewachen die Fabrikanlage gegen Einbrecher, aber auch diese Tätigkeiten übernehmen zunehmend Maschinen. Leiharbeiter stopfen die wenigen Löcher, wo die Maschine noch nicht Einzug gehalten hat. Der Zeitarbeiter ist, wie die Autoren des Unsichtbaren Komitees schreiben, in eine »Vielzahl von Zwischenräumen versprüht, damit beschäftigt, die Löcher dessen zuzustopfen, was noch nicht mechanisiert wurde. Der Zeitarbeiter ist Sinnbild dieses Arbeiters, der keiner mehr ist, der keinen Beruf mehr hat, sondern Kompetenzen, die er im Laufe seiner Einsätze verkauft, und dessen Verfügbarkeit auch noch eine Arbeit ist.«[2]

Der Zeitarbeiter ist der moderne Tagelöhner. Bis 1967 war Zeit- oder Leiharbeit (die Ausdrücke bezeichnen das Gleiche, die Arbeitnehmerüberlassung) in Deutschland verboten. Leiharbeit galt bis dahin als unmoralisch, ja verdächtig wegen des NS-Faschismus, der mit Zwangsarbeit seine Kriegsmaschinerie am Laufen hielt. Dann aber kündigte sich die Ölkrise an – und der Motor musste irgendwie geschmiert werden, damit er wieder an Fahrt gewann.

Doch nicht nur der Zeitarbeiter tingelt von Arbeitsstätte zu Arbeitsstätte. Im Grunde arbeitet eine ganze (akademische) Generation nicht mehr, sie jobbt oder sitzt an »Projekten«. Die »digitale Boheme« wohnt im Prenzlauer Berg und schlürft ihren Latte macchiato in einem schicken Café, lässt sich die Sonnenstrahlen aufs Gesicht scheinen statt neongetränktes Bürolicht, fuchtelt dabei ein bisschen auf ihrem Laptop herum und kann davon gut leben. So weit das Klischee, das uns Sascha Lobo Co. verklickern wollen und dabei irgendwas von *Wir nennen es Arbeit*[3] faseln. Die nackte Realität sieht freilich anders aus: Die oft hochqualifizierten Freelancer, vor allem die der sogenannten Kreativbranche, krebsen meist am Existenzminimum, hegen Zukunftsängste, bangen um ihre Rente und können sich in vielen Fällen keine Kinder leisten, sondern sind schon froh, wenn es für einen Bettkasten unter ihrem Lattenrost vom Flohmarkt reicht. Da es gilt, nach außen hin den Schein zu wahren und auf Partys möglichst easy, locker und frei zu wirken, fällt das Schicksal der Kreativarbeiter unter den Tisch. Zum Weinen gehen die Kinder des Neoliberalismus in den Keller. Als »crowdworker« sind sie längst zu Tagelöhnern mutiert: Sie preisen im Internet ihre Arbeit zu Dumpinglöhnen an, verhökern ihre Arbeitskraft und springen hektisch von Projekt zu Projekt. Nicht anders ergeht es den Handwerkern, die sich auf Internetplattformen wie »MyHammer« tummeln: Hier bekommt derjenige einen Auftrag, der sich für den niedrigsten Stundenlohn verdingt. Das Ergebnis sind grausige Stundensätze von 4,30 Euro, um bei irgendwelchen Yuppies neues Fischgrätparkett oder Marmorfliesen zu verlegen.

Freiberufliche Journalistinnen oder Grafikdesigner verdienen im Schnitt kaum mehr, wenn es nach den Zahlen der Künstlersozialkasse (KSK) geht, in der sich die »Kreativen« in Deutschland sozialversichern.[4] Das durchschnittliche Jahreseinkommen von freiberuflichen Schreibern aller Art, also zum Beispiel Journalisten, Bloggerinnen, Schriftstellerinnen oder Werbetextern, lag 2013 bei 18047 Euro brutto. Nach Abzug von Steuern, Krankenkassenbeiträgen und anderen Sozialabgaben bleibt da nicht mehr viel übrig zum Leben – insbesondere für die unter 40-Jährigen, die im Schnitt auf 15500 Euro pro Jahr kommen. Noch katastrophaler sind die Jahreseinkommen der bildenden Künstler (14192 Euro), der Musiker (12326 Euro) und der darstellenden Künstler wie etwa Schauspieler (13766 Euro). Es ist ja gut und schön, wenn Sascha Lobo und eine Handvoll andere Auserwählte für ihre Vorträge einen Stundenlohn von zig tausend Euro einsacken können, die Masse der gehypten Freelancer nagt jedoch am Hungertuch. Wir nennen es Arbeit? Bullshit. Wir nennen es Armut.

Wir haben heute ein Heer von Freiberuflerinnen, Praktikanten, Ein-Euro-Jobbern, Hartz-IV-Aufstockern, Mini-Jobberinnen, die ihre Rente aufbessern, und Arbeitern im Niedriglohnsektor, irgendwo im Sumpf von Kurzarbeit, Leiharbeit, Werkverträgen und Lohnverzicht. All diese Menschen werden in Deutschland übrigens schön aus der offiziellen Arbeitslosenstatistik herausgerechnet. In den USA spricht man treffend von den »working poor« – jene, die eine Vollzeitstelle haben und dennoch bettelarm sind, weil sie für eine kleine Handvoll Dollar Burger braten oder Taxi fahren. Der irische Sozialphilosoph Charles Handy nennt diese am Existenzminimum schuftenden Menschen »somebodies«, angelehnt an den Satz »Somebody has got to do it«, irgendjemand muss es halt machen. Wenn man all diese McJobs berücksichtigt, gibt es hier und da noch Arbeit. Aber der Motor qualmt schon. Soll das Getriebe nicht durchknallen, müssen diese Jobs entweder massiv besser bezahlt werden. Oder aber wir müssen schleunigst das ganze System umkrempeln. Denn sinnvolle und gut bezahlte Arbeit gibt es kaum noch. Genau diese Arbeit jedoch preisen Politiker seit eh und je fanatisch an, als würde sie vom Himmel fallen.

Alle proklamieren Arbeit – aber uns geht die Arbeit aus. Ein Blick auf die Wahlslogans der vergangenen Jahre reicht aus, um das unangefochtene Glaubensbekenntnis zur Arbeit sichtbar zu machen: »Arbeit, Arbeit, Arbeit« (SPD), »Arbeit hat Vorfahrt« (FDP), »Arbeit soll das Land regieren« (PDS), »Denn was Arbeit schafft, ist auch sozial« (FDP), »Sozial ist, was Arbeit schafft« (CDU). Mit dem letzten Slogan hat auch die neoliberale, von Wirtschaftsverbänden getragene Denkfabrik Initiative Neue Soziale Marktwirtschaft (INSM) geworben. Dumm nur, dass die Quelle des Spruchs in braunen Gewässern liegt. Alfred Hugenberg, Vorsitzender der Deutschnationalen Volkspartei (DNVP) und Unterstützer von Adolf Hitler. sagte am 31.Juli 1932 in einer Rundfunkansprache zur Reichstagswahl: »Gesunde Wirtschaft bedeutet heute vor allem Beseitigung der Arbeitslosigkeit. Derjenige ist wirklich und wahrhaft sozial, der Arbeit schafft.«[5]

Die eigentliche Unverfrorenheit liegt aber im Inhalt dieser dämlichen Wahlslogans: Die Menschen bangen, wenn sie denn welche haben, um ihre Arbeitsplätze. Und die Politiker versprechen gebetsmühlenartig »Wohlstand für alle« und Vollbeschäftigung, um mit der Angst der Menschen Wählerinnen und Wähler zu mobilisieren. Gleichzeitig werden massenweise Menschen auf die Straße gesetzt und gekündigt. Keiner sagt laut: Eure Jobs sind am Arsch. Die Maschinen haben eure Jobs. Und dem Kapital sind eure Jobs schnurzpiepegal, weil nur jeder entlassene Arbeiter ein guter Arbeiter ist – solange der Profit stimmt.

Die Automatisierung erhöht natürlich den Druck auf die Menschen, sich einen der wenigen verbliebenen Jobs zu angeln. Es ist der reinste Stuhltanz. Fest steht: Die technische Realität hat die sozialpolitische Realität längst eingeholt. Auf der einen Seite gibt es hypermoderne Automaten, auf der anderen Seite alte und verkrustete Sozialstaaten, die immer noch dem Arbeitswahn frönen und an Vollbeschäftigung glauben. Es ist das Paradox der Gegenwart: Die Arbeitsreligion hat genau zu dem Zeitpunkt den Status einer Staatsreligion erlangt, als die Arbeit abstirbt. Die Gruppe Krisis um den Philosophen und Publizisten Robert Kurz schreibt in ihrem *Manifest gegen die Arbeit* von 1999:

»Ein Leichnam beherrscht die Gesellschaft – der Leichnam der Arbeit. [...] Der Verkauf der Ware Arbeitskraft wird im 21. Jahrhundert genauso aussichtsreich sein wie im 20. Jahrhundert der Verkauf von Postkutschen. Wer aber in dieser Gesellschaft seine Arbeitskraft nicht verkaufen kann, gilt als ›überflüssig‹ und wird auf der sozialen Müllhalde entsorgt. [...] Gerade in ihrem Tod entpuppt sich die Arbeit als totalitäre Macht, die keinen anderen Gott neben sich duldet. [...] Und der Satz, es sei besser, ›irgendeine‹ Arbeit zu haben als keine, ist zum allgemein abverlangten Glaubensbekenntnis geworden.«[6]

In den stillgelegten Bergwerken des Ruhrgebiets, wo die Kumpel stunden- und jahrzehntelang malocht haben, sind jetzt Museen, Erlebnisparks, Kletterparadiese und Musikclubs. Diese Jobs wurden nicht outgesourct, die meisten von ihnen gibt es einfach nicht mehr. Dass die Jobs ins Ausland verschwinden, ist nur die halbe Wahrheit. Selbst dann, wenn man die Produktion von Autos und anderen Gütern in die Industriestaaten zurückholt, gibt es in einer Fabrik nicht mehr für zehntausend, sondern nur noch für hundert Menschen einen

Arbeitsplatz. Eines aber trifft zu: Solange die menschliche Arbeitskraft in Form der iSlaves teilweise günstiger bleibt als die vollständige Automatisierung, so lange bleibt der Traum der »Arbeitslosigkeit« eben ein Traum. Sprich der Traum von mehr Freizeit und Freude. Die Automatisierung könnte enorme Vorteile bringen, wenn, ja wenn die Produktionsmittel – also Maschinen, Werkzeuge, Rechenzentren, Fabrikhallen, Büroflächen und anderes – nicht in den Händen einer Handvoll Menschen lägen.

So wird und kann die Automatisierung nicht ins Paradies führen. Wir müssen das Geld umverteilen, wie bereits Paul Lafargue forderte, denn »die blinde, widernatürliche und mörderische Arbeitssucht macht aus der befreiend wirkenden Maschine ein Instrument zur Knechtung freier Menschen: Die Produktionskraft der Maschine verarmt die Menschen. [...] Um die Kapitalisten zu zwingen, ihre Maschinen aus Holz und Eisen zu vervollkommnen, muss man die Löhne der Maschinen aus Fleisch und Blut erhöhen und ihre Arbeitszeit verringern.«[7]

Den größten Teil der Wirtschaftsleistung erbringen heutzutage Maschinen. Frank Rieger vom Chaos Computer Club hat deshalb völlig zu Recht eine »Automatisierungsdividende« gefordert: »Wenn uns Roboter und Algorithmen in der Arbeitswelt ersetzen, sollten sie auch unseren Platz als Steuerzahler einnehmen. [...] Jeder Traktor, jeder Mähdrescher, jede Melkmaschine machten Landarbeiter arbeitslos. Jeder automatische Webstuhl stürzte etliche Familien in die Armut.« Rieger fordert deshalb einen »Umbau der Sozial- und Steuer-

systeme hin zur indirekten Besteuerung von nicht-
menschlicher Arbeit und damit zu einer Vergesellschaf-
tung der Automatisierungsdividende«.[8] Zu diskutieren
wäre, ob das Geld nur an diejenigen ausgezahlt werden
kann, die innerhalb der betreffenden Volkswirtschaft
leben, oder ob es in einem weltweiten Fonds landet. Klar
ist hingegen, dass Automaten im großen Stil Schwarzar-
beit betreiben: Erst zerstören Zigaretten-, Leergut- und
Fahrscheinautomaten sowie zig Roboter und Computer
Tausende Arbeitsplätze, und dann »arbeiten« sie, ohne
dafür Steuern zu zahlen.

Michail Gorbatschow trommelte im September 1995
über fünfhundert führende Politiker, Unternehmer und
Wissenschaftler in San Francisco zusammen. Die Ver-
sammlung sollte den Weg ins 21. Jahrhundert ausleuch-
ten – und prognostizierte die Hölle: Die reichen Länder
werden reicher, der Rest wird hungern; und selbst innerhalb der reichen Länder wird die soziale Schere weiter auseinanderklaffen. Zwanzig Prozent der arbeitsfähigen Bevölkerung würden im kommenden Jahrhundert
völlig ausreichen, um die Weltwirtschaft in Schwung zu
halten und um alle Waren zu produzieren. Der Rest
wäre buchstäblich arbeitslos.[9] Im Rahmen der derzeitigen Wirtschaftsordnung wäre diese Entwicklung – die
wohl kommen wird – ein Graus; Hunger und Leid wären
vorprogrammiert. Oder es käme zu enormen Massen-
protesten, wie sie seit dem WTO-Gipfel 1994 in Seattle
vermehrt in aller Welt um sich greifen.

Es wäre aber auch möglich, zumindest theoretisch,
dass wir weniger arbeiten. Wenn die Produktivität weiterhin so rasant steigt wie heute, dann müssen wir im

Jahr 2030, um den gleichen Standard zu halten wie heute, nur noch eine 8-Stunden-Woche abrackern. »Dank der modernen Technik bräuchte heute Freizeit und Muße, in gewissen Grenzen, nicht mehr das Vorrecht kleiner bevorzugter Gesellschaftsklassen zu sein, könnte vielmehr mit Recht gleichmäßig allen Mitgliedern der Gemeinschaft zugute kommen. Die Moral der Arbeit ist eine Sklavenmoral, und in der neuzeitlichen Welt bedarf es keiner Sklaverei mehr«, schrieb der Philosoph Bertrand Russell schon 1935 in seinem *Lob des Müßiggangs*.[10] Und bereits 1918 forderten die Dadaisten um Richard Huelsenbeck und Raoul Hausmann »die Einführung der progressiven Arbeitslosigkeit durch umfassende Mechanisierung jeder Tätigkeit. Nur durch die Arbeitslosigkeit gewinnt der Einzelne die Möglichkeit, über die Wahrheit des Lebens sich zu vergewissern und endlich an das Erlebnis sich zu gewöhnen.«[11] Klare Worte, die auch fast hundert Jahre später nichts von ihrer Aktualität eingebüßt haben. Doch wann kommt die ersehnte Frei-Zeit?

1   Günther Anders, *Die Antiquiertheit des Menschen*, Bd. 2, München 2002, S. 97.

2   Unsichtbares Komitee, *Der kommende Aufstand*, S. 30.

3   Holm Friebe / Sascha Lobo, *Wir nennen es Arbeit. Die digitale Boheme oder: Intelligentes Leben jenseits der Festanstellung*, München 2008.

4   KSK zum »Durchschnittseinkommen Versicherte«, www.kuenstler-
    sozialkasse.de/wDeutsch/ksk_in_zahlen/statistik/durchschnitts-
    einkommenversicherte.php.

5   Alfred Hugenberg, »Rundfunkansprache zur Reichstagswahl am
    31. Juli 1932«, zitiert nach: www.dhm.de/lemo/html/dokumente/
    hugenberg/index.html.

6   Gruppe Krisis, *Manifest gegen die Arbeit*, S. 5.

7   Paul Lafargue, *Das Recht auf Faulheit*, S. 31 und 46.

8   Frank Rieger, »Roboter müssen unsere Rente sichern«, in: *Frank-
    furter Allgemeine Zeitung*, 18. Mai 2012, www.faz.net/aktuell/
    feuilleton/debatten/automatisierungsdividende-fuer-alle-robo-
    ter-muessen-unsere-rente-sichern-11754772.html.

9   Franz Josef Floren, *Wirtschaftspolitik im Zeichen der Globalisie-
    rung*, Paderborn 1999, S. 210 f.

10 Bertrand Russell, *Lob des Müßiggangs*, München 2006, S. 14 f.

11 Richard Huelsenbeck, *En avant Dada. Die Geschichte des Dadais-
    mus*, Hannover 1920, S. 29 f.

ARBEIT IST DAS HALBE LEBEN:

GEDANKEN ZUR ARBEITSZEIT

»Es liegt in der Natur des Kapitals,
einen Teil der Arbeiterbevölkerung
zu überarbeiten und einen anderen
zu verarmen.«[1]

KARL MARX

Wir sind unangefochtene Meister darin, unsere Lebenszeit mit Arbeit zu vernichten. Zugegeben, es gab schon schlimmere Zeiten: Um 1871 war ein Arbeiter rund 72 Stunden pro Woche tätig. Bis 1918 fiel die Arbeitszeit auf 48 Stunden wöchentlich, aufgeteilt auf sechs Tage. Im NS-Faschismus stieg sie in den Kriegsjahren auf 70 Wochenstunden an. 1956 startete der DGB eine Kampagne für die 5-Tage-Woche unter dem Motto »Samstags gehört Vati mir« – ganz patriarchalisch, versteht sich –, aber als Ergebnis kam in den 1960ern die 40-Stunden-Woche raus, wie wir sie bis heute kennen. Und seitdem? Abhetzen auf Arbeit, aber Stillstand bei der Arbeitszeitverkürzung. Dabei wäre eine Reduzierung nicht nur möglich, sondern auch notwendig.

Erinnern wir uns, es geht auch mit weniger Arbeit: In der Steinzeit arbeiteten die Menschen um die drei bis vier Stunden am Tag.[2] Sie sammelten Kräuter, Obst und Nüsse, sie jagten ein Tier, kochten, zogen ihre Kinder groß, nähten Kleidung und stellten Werkzeuge her. Den Rest des Tages widmete man sich der Familie und dem Clan: Man aß zusammen, feierte, unterhielt sich, betete, malte, döste und faulenzte. In der Antike nahm die Arbeitszeit zwar zu, aber sie war weit davon entfernt, heutige Dimensionen zu erreichen. Im antiken Griechenland gab es um die fünfzig arbeitsfreie Feiertage pro Jahr, im alten Rom waren es im 4. Jahrhundert u. Z. sogar 175 Feiertage jährlich. Selbst die Haussklaven, mit denen sich etliche Römer ihren Müßiggang ermöglichten, arbeiteten nur um die dreißig Stunden wöchentlich.

In Deutschland haben wir, je nach Bundesland, zwischen neun und dreizehn Feiertage pro Jahr. Ein

Mensch des Mittelalters hätte darüber nur den Kopf schütteln können: In England etwa machten die arbeitsfreien Feiertage ungefähr ein Drittel des Jahres aus; in Spanien umfassten die Feiertage aufs Jahr gerechnet sogar einen Zeitraum von fünf Monaten. Im Mittelalter wurde zwar phasenweise an fünf Tagen die Woche gearbeitet; die tägliche Arbeitszeit war teilweise mit zehn bis zwölf Stunden sehr hoch. Allerdings folgten auf solch arbeitsintensive Tage längere Ruhephasen. Zudem gab es äußerst viele weltliche und kirchliche Feiertage, an denen die Arbeit ruhte. Die Menschen entspannten sich und feierten. Andere Quellen überliefern ein noch geringeres Arbeitsvolumen im Mittelalter. So geht aus einem Erlass von König Wenzel II. im Jahr 1300 hervor, dass die Schichtdauer im böhmischen Bergbau täglich sechs Stunden betrug. Den Arbeitern standen zwei arbeitsfreie Tage die Woche zu. Vor der Reformation war es in den meisten Ländern Europas verboten, nachts und an den zahlreichen Feiertagen zu arbeiten. Wie der Soziologe Thorstein Veblen berichtet, trieben die Adligen die Muße auf die Spitze:

»Ein noch besseres oder wenigstens eindeutigeres Beispiel bietet ein gewisser König von Frankreich, von dem es heißt, dass er im Dienste der feinen Lebensformen sein Leben einbüßte. Als nämlich einmal jener Höfling abwesend war, dessen Amt darin bestand, den Sessel Seiner Majestät zu verrücken, blieb der König ohne Klage vor dem Kaminfeuer sitzen und erduldete die Verbrennung seiner erhabenen Person so lange, bis eine Heilung unmöglich war. Auf diese Art rettete sich

Seine Allerchristlichste Majestät vor der schändlichen Befleckung durch gemeine Arbeit.«[3]

Fest steht: Im Mittelalter war den Herrschenden jede Form der Arbeit zuwider. Und den Untertanen war es relativ egal, was man denn so macht. Arbeit war lebensnotwendig, aber kein Lebenselixier. Man fragte stattdessen: Was isst und trinkst du gerne? Woher kommst du? Wer sind deine Familienmitglieder, wer deine Freunde? Allzu strebsame Menschen wurden regelrecht verachtet: Wer zu viel arbeitete, war suspekt. Das ist heute offensichtlich anders. Zwar hört man inzwischen erste vorsichtige Rufe, die aber drohen im Lärm der emsigen Büros und Fabriken zu verhallen.

Nehmen wir zum Beispiel die vielfach geforderte 30-Stunden-Woche, die viele Reformer anstreben. Solche Ideen krempeln natürlich nicht das gesamte neoliberale System auf links. Es handelt sich lediglich um eine Schönheitsreparatur im alten Gehäuse. Wenn wir aber im alten Gehäuse des Kapitalismus bleiben – jetzt mal angenommen, er macht's noch eine Weile –, dann könnte eine Arbeitszeitverkürzung viele Vorteile bringen. Warum eigentlich nicht? Die 40-Stunden-Woche ist nicht in Stein gemeißelt. Niemandem ist damit gedient, wenn einige wenige 40, 50 oder 60 Stunden die Woche malochen und sich krummbuckeln, während der Rest dem Stellenabbau, pardon: der »Arbeitsplatzverdichtung« zum Opfer gefallen ist. Teilt man die gleiche Arbeit unter vielen auf, können die Menschen nur gewinnen. Zumal es in der Arbeitswelt einen kruden Mix aus Burn-out und Bore-out gibt: Die einen schuften, die anderen langweilen sich zu Tode.

»Arbeit dehnt sich in genau dem Maß aus, wie Zeit für ihre Erledigung zur Verfügung steht«, so das Parkinson'sche Gesetz des britischen Soziologen Cyril Northcote Parkinson.[4] Das Problem ist bekannt: Angestellte werden meist für ihre bloße Anwesenheitszeit bezahlt. Eine Aufgabe, die sie binnen drei Stunden erledigen könnten, um dann nach Hause zu gehen, dehnt sich wegen der Präsenzzeit über den gesamten 8-Stunden-Tag aus. Um es mit den Worten von Herman Melvilles Bartleby dem Schreiber zu sagen: »I would prefer not to.« Umgekehrt hat es aber auch keinen Sinn, sich abzuhetzen, denn nach jeder erledigten Arbeit folgt gleich die nächste zu erledigende Arbeit. Ein Teufelskreis.

Trotz steigender Mechanisierung, Automatisierung und Digitalisierung – und parallel dazu steigender Massenarbeitslosigkeit – siecht das Thema Arbeitszeitverkürzung in den Theorie-Schubladen vor sich hin. Weder Gewerkschaften noch Politiker trauen sich an das Thema heran, manch einer befürchtet wohl, als Faulenzer oder Arbeitsverweigerer abgestempelt oder im »internationalen Wettbewerb« abgehängt zu werden.[5]

Wenn die globale Finanz- und Wirtschaftskrise eines zeigt, dann das: Es ist utopisch, zu glauben, dass der Kapitalismus fortbestehen und gleichzeitig das Freizeitparadies kommen wird. Dieser Irrglaube widerspricht dem kleinen Einmaleins der kapitalistischen Logik: Die Wirtschaft muss stetig wachsen – und die Profite mit ihr. Die Arbeitszeiten steigen derzeit wieder massiv an, weil erstens die wenigen, die noch einen Job haben, die Arbeit von immer mehr (entlassenen) Menschen übernehmen müssen. Und weil zweitens das viel beschworene Wachstum die Weltwirtschaftskrise beenden soll. Keine Politikerrede, kein Wahlplakat, auf dem nicht das Wachstum als Heilmittel aller kapitalistischen Wunden angepriesen wird. Wenn aber immer weniger Menschen einen Job haben, gibt es niemanden mehr, der für die hübschen Waren und Dienstleistungen blechen kann. Das war schon zu Albert Einsteins Zeiten bekannt: »Der Kapitalismus, oder besser gesagt, das freie Unternehmertum wird auf die Dauer außerstande sein, die Arbeitslosigkeit zu steuern (die sich wegen des technischen Fortschritts immer mehr zu einem chronischen Übel auswächst), um zwischen der Produktion und der Kaufkraft des Volkes ein gesundes Gleichgewicht zu halten.«[6]

Wer soll sich all die Konsumgüter noch leisten, wenn selbst in den Industrienationen die Menschen verarmen? Fast zwei Drittel der jungen Leute in Spanien und Griechenland sind arbeitslos. In England nimmt die Zahl der »zero-hour«-Verträge massiv zu, bei denen die Beschäftigten auf Abruf arbeiten müssen, wenn der Arbeitgeber sie benötigt. Feste Arbeitszeiten oder garantierte Stundenzahlen sehen diese Verträge nicht vor; wenn der Arbeitgeber gerade keinen Bedarf hat, bleibt die Lohntüte leer. In Deutschland werden viele mit befristeten Stellen, Leiharbeitsverträgen und Ein-Euro-Jobs abgespeist, um irgendwie den Motor von Arbeit–Lohn–Konsum–Produktion–Arbeit am Laufen zu halten. Aber es knirscht im Getriebe.

Wir haben eine Arbeitsgesellschaft ohne Arbeit. Bestimmte Jobs jedoch – seien sie für Hochqualifizierte oder nicht – lassen sich nicht ersetzen. Die wenigen Arbeitsplätze, die noch zur Verfügung stehen, müssen deshalb unter möglichst vielen Menschen aufgeteilt werden, sodass möglichst viele in Lohn und Brot stehen können. Das aber geht nur über eine Verringerung der individuellen Arbeitszeit, die, nebenbei bemerkt, auch für die sogenannte Work-Life-Balance erhebliche Vorteile bringen würde. Viele Jobs gibt es ja nur deshalb, weil wiederum in anderen Jobs so viel gearbeitet wird: Pizzalieferanten, Kinderbetreuerinnen, die auch nachts arbeiten, 24-Stunden-Tankstellen, die »Spätis« in Berlin und ähnliche Läden in anderen Großstädten – sie alle zeugen vom 24/7-Wahnsinn. Ganz abgesehen von den riesigen Berufszweigen, die die mentalen und körperlichen Schäden der Lohnsklaven behandeln: Physiotherapeuten, Yogalehrerinnen, Ernährungsberater, Work-Life-Balance-Trainer, Fitness-Gurus. Das System Arbeit ist buchstäblich krank.

Neben die Automatisierung treten natürlich die ebenso bekannten wie chronischen Kernprobleme des Kapitalismus. Den Menschen in Europa und aller Welt geht die Arbeit nicht nur wegen der Computer und Roboter aus. Der Kapitalismus ist derzeit an seinem eigenen Wachstum erstickt: Die Monopolisierung stürzt Kleinbauern, Kleinunternehmer und große Teile des Mittelstands ins Elend; leer geräumte Staatskassen lassen weder mehr Staatsbedienstete noch überhaupt irgendeinen Handlungsspielraum zu; die weltweiten Vermögen stecken bei einigen wenigen Banken, während zwangsgeräumte Immobilien in deren Besitz millionenfach leer stehen; und die Produktivität ist immens angestiegen. Nur gibt es kaum noch jemanden, der sich die

Produkte leisten kann ... nach dem Knirschen im Getriebe kommt der Stillstand.

1   Karl Marx, *Theorien über den Mehrwert*, MEW, Bd. 26.3, S. 300.

2   Diesen und die folgenden Arbeitszeit-Daten: Marshall Sahlins, *Stone Age Economics*, New York 1972; Juliet Schor, *Overworked American*, New York 1993; Robert Kurz, *Schwarzbuch Kapitalismus*, Berlin 2003.

3   Thorstein Veblen, *Theorie der feinen Leute*, Frankfurt am Main 1986, S. 58.

4   Cyril Northcote Parkinson, »Parkinson's Law«, in: *The Economist*, 19. November 1955.

5   Eine lobenswerte Ausnahme bildet die Forderung nach einer 30-Stunden-Woche bei vollem Lohnausgleich, die 2013 die Runde machte, www2.alternative-wirtschaftspolitik.de/uploads/m0413b.pdf.

6   Albert Einstein, zitiert nach: Heinz-J. Bontrup / Mohssen Massarrat, »Manifest zur Überwindung der Massenarbeitslosigkeit«, www.attac-netzwerk.de/fileadmin/user_upload/AGs/AG_Arbeit-fairteilen/Manifest.pdf.

DIE

30-STUNDEN-

WOCHE

... UND WENIGER

»Was die durch ihr Laster verdummten Arbeiter
nicht begreifen können: Man müsste,
um Arbeit für alle zu haben, sie rationieren
wie Wasser auf einem Schiff in Seenot.«[1]

PAUL LAFARGUE

Es geht nicht (nur) ums Faulenzen. Selbst der clevere Kapitalist weiß, dass zu hohe Arbeitszeiten erstens zu einer höheren Arbeitslosigkeit führen und zweitens zu einer Flaute bei der Kauflaune. Und die führt wiederum dazu, dass das Unternehmen auf seinen Waren sitzen bleibt und Leute entlassen muss. So viel, wie derzeit an unnötigem und teurem Schnickschnack produziert wird, können wir gar nicht konsumieren. Also: Runter mit der Arbeitszeit! Mit einer 30- oder 20-Stunden-Woche könnten (1) mehr Menschen arbeiten, (2) somit die Kaufkraft gerechter verteilt werden, (3) die immensen Kosten der Sozialkassen ebenso wie (4) die ebenfalls immensen Kosten der Krankenkassen gesenkt werden (Stichwort: Burn-out durch Überarbeitung) und (5) die Menschen schlicht mehr Freizeit für sich und ihre Familie und Freunde haben. Gerade Punkt eins schmeichelt natürlich der Logik des Arbeitswahns, eine 30-Stunden-Woche ist noch lange keine Revolution der Gesellschaft, sondern ein Reförmchen im bestehenden System. Aber schon Reformen mussten mitunter blutig errungen werden: Während der »Haymarket Affair« forderten Anarchisten und US-Gewerkschaften am 1. Mai 1886, die tägliche Arbeitszeit von zwölf auf acht Stunden zu senken. Es kam zu Massenstreiks und blutigen Straßenschlachten; die Justiz verhängte anschließend Todesurteile gegen die »anarchistischen Aufrührer«. Und heute? Der Arbeitswahn hat die Gemüter schon dermaßen benebelt, dass die Arbeiterinnen und Arbeiter freiwillig auf mehr Freizeit verzichten: Im März 2012 votierten die Schweizerinnen und Schweizer in einer Volksabstimmung gegen eine Anhebung des gesetzlichen Mindesturlaubs. Rund zwei Drittel der Wahlberechtigten waren der Meinung, dass sechs statt wie bislang vier Wochen Urlaub nicht zu verantworten wären – wegen angeblicher Wettbewerbsnachteile und anderer fadenscheiniger Argumente der Wirtschaft. Unsere tägliche Arbeit gib uns heute. Und vergib uns unsere Schuld, dass wir ein wenig faulenzen wollten. Und führe uns nicht in Versuchung, das Wachstum zu bremsen und den Wettbewerb zu schwächen.

Schon die kleinsten Reförmchen können also scheitern, so massiv hat sich der Arbeitsfetisch in den Köpfen eingenistet. Die Forderungen der Reformen reichen dabei, wie bei Attac, von einer 30-Stunden-Woche über eine 20-Stunden-Woche bis hin zu einer 5-Stunden-Woche, wie bei einigen anarchistischen Bündnissen.[2] Eine 5-Stunden-Woche bietet natürlich schon etwas mehr revolutionäres Potenzial ... Bleiben wir aber zunächst bei den Reförmchen und nehmen wir einmal die 30-Stunden-Woche als Rechenbeispiel:

Daten des deutschen Instituts für Arbeitsmarkt- und Berufsforschung zufolge betrug 2012 das Arbeitsvolumen aller Arbeitnehmerinnen und Arbeitnehmer in Deutschland 48 184 000 000 Arbeitsstunden, davon wurden ganze 39 957 000 000 Stunden in Vollzeit geleistet. Von 37 067 000 Arbeitnehmern bundesweit waren 24 295 000 in Vollzeit beschäftigt.[3] Würde man das Arbeitsvolumen der Vollzeitbeschäftigten auf Teilzeitkräfte runterbrechen, dann könnten 29 597 778 Menschen die gleiche Arbeit erledigen. (Rechnung: 225 durchschnittlich geleistete Arbeitstage jährlich × 6 Arbeitsstunden am Tag = 1350 Arbeitsstunden jährlich. Arbeitsvolumen Vollzeit 39 957 000 000 Stunden : 1350 Arbeitsstunden = 29,58 Millionen Arbeitnehmer.) Folglich könnte man über 5,3 Millionen Menschen mehr beschäftigen; mit einer 20-Stunden-Woche stünden rechnerisch noch mehr Menschen in Lohn und Brot. Umgekehrt würden Millionen von Arbeitsplätzen wegfallen, wenn plötzlich alle Erwerbstätigen in Vollzeit arbeiten würden. Durch eine 30-Stunden-Woche könnte man die Arbeitslosenzahl massiv eindämmen – und zudem etlichen nicht erfassten Ein-Euro-Jobbern, Mini-Jobberinnen und am Existenzminimum lebenden Selbständigen einen gesicherten Arbeitsplatz bieten.

Bei all dem ist natürlich der Gesetzgeber gefragt: Zum einen bedarf es eines angemessenen gesetzlichen Mindestlohns, zum anderen einer neuen Definition der Vollzeit. Diese Schritte wären deshalb notwendig, weil kaum ein Arbeitgeber, eine Arbeitgeberin freiwillig mehr Beschäftige einstellt; Teilzeit ist deshalb oft unbeliebt, weil das Unternehmen mehr Profit erwirtschaftet, je weniger Arbeitskräfte dort beschäftigt sind. Hier bedürfte es unter anderem einer gerechten Angleichung der Lohnnebenkosten. Klarerweise bräuchte es also statt einer »unsichtbaren Hand der Märkte« einer starken Hand des Staates. Noch aber legt der Staat die Hände in den Schoß. Dass der Staat ausgerechnet in Sachen Arbeitsreduzierung so faul ist, mag durchaus System haben. Rudi Dutschke hegte den Verdacht, dass die Bürger durch lange Arbeitszeiten in einer permanenten Trance gehalten werden:

»Ja, 1918, um damit zu beginnen, erkämpften die deutschen Arbeiter- und Soldatenräte den 8-Stunden-

Tag. 1967 arbeiten unsere Arbeiterinnen und Arbeiter und Angestellten lumpige vier, fünf Stunden weniger pro Woche. Und das bei einer ungeheuren Entfaltung der Produktivkräfte, der technischen Errungenschaften, die eine wirklich sehr, sehr große Arbeitszeitreduzierung bringen könnten, aber im Interesse der Aufrechterhaltung der bestehenden Herrschaftsordnung wird die Arbeitszeitverkürzung, die historisch möglich geworden ist, hintangehalten, um Bewusstlosigkeit – das hat etwas mit der Länge der Arbeitszeit zu tun – aufrechtzuerhalten.«[4]

Bertrand Russell sah in der Arbeit einen regelrechten Glücksvernichter und betonte, »dass in der heutigen Welt sehr viel Unheil entsteht aus dem Glauben an den überragenden Wert der Arbeit an sich, und dass der Weg zu Glück und Wohlfahrt in einer organisierten Arbeitseinschränkung zu sehen ist«.[5] Wie viel Stunden jeder pro Tag arbeiten müsste, um das Paradies auf Erden zu haben, ist ein großer Streitpunkt. Vielleicht werden wir, wie es zum Beispiel der Philosoph Frithjof Bergmann fordert, bald nur noch ein oder zwei Tage die Woche einer Erwerbsarbeit nachgehen und den Rest der Zeit unserer Selbstversorgung und sozialer Arbeit widmen.[6] John Maynard Keynes hatte 1930 die Vision, dass der technische Fortschritt die Produktivität so sehr steigere, dass wir im Jahr 2030 nur noch fünfzehn Stunden pro Woche arbeiten müssten.

Die »unsichtbare Hand« des neoliberalen Markts hat schwere Arthritis – Arbeitsplätze jedenfalls formt sie nicht mehr. Die Arbeitslosen oder, wie sie euphemistisch genannt werden, »Arbeitssuchenden« spielen bei ihrer

Jobsuche einen Stuhltanz. Hier und da findet einer die ersehnte Stelle – der Rest bleibt zwangsläufig in der Luft hängen. Um die Apokalypse abzuwenden, bedarf es eines massiven Umdenkens. Wir stempeln 30-, zumindest aber 20- und erst recht 5-Stunden-Wochen für alle Arbeitenden als verrückte Spinnerei ab, als cannabisgetränkten Traum von arbeitskritischen Kiffern. Benebelt sind jedoch eher die Arbeitsfanatiker, denn machbar ist das allemal. Und auch erstrebenswert. Nur müssten dazu natürlich die Produktionsmittel und die Gelder gerechter verteilt werden, damit das Ganze finanzierbar ist. Reförmchen werden auf lange Sicht nicht ausreichen: Wir brauchen keine Schönheitsreparaturen im alten Gehäuse, sondern eine Kernsanierung.

1   Paul Lafargue, *Das Recht auf Faulheit*, S. 43 f.

2   www.5-stunden-woche.de/static/de/5hw/index_5hw.html.

3   Institut für Arbeitsmarkt- und Berufsforschung, www.doku.iab.de/grauepap/2013/tab-az12.pdf.

4   Rudi Dutschke, *Zu Protokoll. Fernsehinterview von Günter Gaus*, Frankfurt am Main 1968, S. 5.

5   Bertrand Russell, *Lob des Müßiggangs*, S. 12.

6   Frithjof Bergmann / Stella Friedland, *Neue Arbeit kompakt*, Freiburg im Breisgau 2007.

STELL DIR VOR, ES GEHT, UND KEINER KRIEGT'S HIN

»Denn wer arbeitet, ist ein subtiler Selbstmörder, und ein Selbstmörder ist ein Verbrecher, und ein Verbrecher ist ein Schuft, also, wer arbeitet ist ein Schuft. Es wird ein Dekret erlassen, [...] dass jeder der sich rühmt sein Brot im Schweiße seines Angesichts zu essen, für verrückt und der menschlichen Gesellschaft gefährlich erklärt wird.«[1]

GEORG BÜCHNER

Geld, ohne dafür zu arbeiten? Welch Gotteslästerung an der Arbeit. Kreuzigt die Faulen! Und doch ist die Verflechtung von Arbeit und Geld eine unheilige Allianz, die wir aufbrechen müssen. Maschinen übernehmen unsere Arbeit. Ein winziger Rest hat sich in gut bezahlte Stellen gerettet, und die Drecksarbeit, die noch übrig ist, wird in Länder mit laxen oder nicht vorhandenen Arbeits- und Umweltschutzvorgaben outgesourct. Die Allianz zwischen Arbeit und Geld ist ebenso erbärmlich wie altbacken. Wenn die menschliche Arbeit als Produktionsfaktor ersetzt wird, dann müssen wir sie auch als Einkommensfaktor ersetzen, sprich, Arbeit und Geld müssen entkoppelt werden.

Die Idee des bedingungslosen Grundeinkommens (BGE) fordert genau das: Lasst uns die Allianz aufkündigen und jeder Bürgerin und jedem Bürger ein existenzsicherndes Einkommen geben. Unabhängig von der wirtschaftlichen Lage bekommt jede und jeder von Geburt an eine gesetzlich festgelegte und für jeden gleiche finanzielle Zuwendung, für die keine Gegenleistung erbracht werden muss. Sprich, der Arbeitszwang entfällt. Die Bedürftigkeit spielt keine Rolle und wird nicht geprüft, alle anderen steuer- und abgabefinanzierten Sozialleistungen entfallen. Im Gespräch sind Summen von 800 bis zu 2000 Euro pro Kopf monatlich. Da es mir um die Kernidee und nicht um rechnerischen VWL-Krimskrams geht, will ich mich an dieser Stelle nicht in Detailfragen verzetteln. Die Verzettelung findet ohnehin an anderer Stelle statt: Derzeit werden in Deutschland über 150 verschiedene Sozialleistungen von rund 44 unterschiedlichen Behörden ausgezahlt, die Gesamtsumme beläuft sich auf über 767,5 Milliarden Euro jähr-lich.[2] Von dieser Summe entfallen 30,7 Milliarden auf die bloße Verwaltung ebendieser Summe. Welch Irrsinn! Durch das BGE könnte man das Geld für weit sinnvolle-re Dinge einsetzen, den zugewucherten Paragrafen-dschungel lichten und sich zahlreiche Gerichtsprozesse sparen. Kann man das finanzieren? Götz Werner, Grün-der der Drogeriemarktkette dm und Verfechter des BGE rechnet vor: »Die Grundfrage lautet doch, ob unsere Ge-sellschaft einen so großen Überschuss an Gütern und Dienstleistungen produzieren kann, dass wir für 82 Millionen Menschen ein Grundeinkommen von unge-fähr 1000 Euro gewährleisten können. Angesichts eines Bruttosozialprodukts von rund 2500 Milliarden und Konsumausgaben von rund 1800 Milliarden Euro be-antworte ich das mit Ja.«[3]

Ein bedingungsloses Grundeinkommen würde allen Bürgerinnen und Bürgern ein menschenwürdiges Leben ermöglichen. Keiner müsste sich für unsinnige Arbeiten verdingen, da jeder über eine Grundsicherung verfügt. Statt dem bloßen Broterwerb hinterherzuhecheln, hätten wir auch wieder mehr Zeit für die »brotlose Kunst« oder einfach für puren Müßiggang. Die Drecksarbeit würden Maschinen erledigen – oder aber sie wäre so gut bezahlt, dass sie schließlich jemand machen würde, vielleicht auch im Rotationsverfahren. Das Stichwort Bürger stellt natürlich ein Problem dar: Das BGE ist zunächst ein staatenspezifisches Vorhaben, weshalb Migrantinnen und Migranten und Flüchtlinge keinen Anspruch auf das BGE hätten, was wiederum menschenfeindlich ist. Darü-ber hinaus kann das BGE dazu führen, dass die Lebenshaltungskosten massiv in die Höhe schnellen, mit dem fadenscheinigen Argument, dass ja jetzt die Konsumenten viel mehr Geld hätten. Außerdem ändert das BGE vorerst nichts daran, dass die Unternehmer weiterhin im Besitz der Produktionsmittel sind. All das sind ernste Probleme, über deren Lösung man nachdenken muss. Nichtsdestotrotz muss sich etwas ändern, bevor der Kapitalismus kollabiert, wie auch eine große Studie zum BGE zeigt: Rund 88 Prozent der Deutschen wünschen sich eine neue Wirtschaftsordnung, die den sozialen Ausgleich stärker berücksichtigt. Über die Hälfte aller Deutschen befürwortet ein BGE. Eine Einladung zur Faulheit? Nein, denn 72 Prozent aller Erwerbstätigen würden ihr Arbeitsangebot bei einer BGE-Einführung nicht verändern. Im Schnitt würden die Erwerbstätigen nach einer BGE-Einführung 4,3 Stunden pro Woche weniger arbeiten.[4]

Die Befürworter eines BGE fanden und finden sich in allen politischen Lagern. Von Marxisten wie dem Philosophen André Gorz über Unternehmer wie Götz Werner und historische Größen wie Martin Luther King bis hin zu CDUlern wie dem früheren Ministerpräsidenten von Thüringen, Dieter Althaus.

In der Allgemeinen Erklärung der Menschenrechte von 1948 ist unter Artikel 23 das »Recht auf Arbeit« festgelegt. Alle Welt redet vom Recht auf Arbeit, kaum einer vom Recht auf Einkommen. Laut Statistischem Bundesamt verrichten die Deutschen jedes Jahr rund 56 Milliarden bezahlte und ganze 96 Milliarden unbezahlte Arbeitsstunden. Dazu zählen die sogenannte Hausarbeit (kochen, putzen, Kleidung waschen, Dinge reparieren, ...), Care-

Arbeit (Kinderziehung, Kranken- und Altenpflege, ...) und auch ehrenamtliche Arbeit in Vereinen.

Angesichts dessen, dass fast die Hälfte unserer Arbeitszeit unentgeltlich erfolgt, ist es unsinnig, ausschließlich die bezahlte Arbeit wertzuschätzen. Obendrein sind Einkommen und Arbeit ohnehin schon entkoppelt, wenn man sich die Verteilung des Reichtums anschaut. Dass die Vermögenden deutlich mehr Fleiß investiert haben als die Durchschnittsverdiener, ist extrem unwahrscheinlich. Der Teufel macht bekanntlich immer auf den größten Haufen, sprich, wer viel Geld verdient hat, besitzt schnell noch mehr – sei es durch Zinsen, Erbschaften oder die Ausbeutung anderer. Zudem beruht unser viel gepriesener Wohlstand ja nicht nur auf »unserer« Leistung, sondern größtenteils auf der Leistung unserer Vorfahren. Kurzum: Vermögen, Einkommen und Arbeit sind alles andere als gerecht verknüpft im derzeitigen Wirtschaftssystem.

Es geht also um Geld. Schwer zu ertragen ist die unsinnige Behauptung, dass unser Geld für uns arbeitet. Geld arbeitet nicht, niemals. Menschen und Maschinen, vielleicht noch ein paar Nutztiere arbeiten. Geld ist in analoger Form Papier und Kupfer, in digitaler Form aufgeblähte Bits und Bytes. Um die soziale Apokalypse abzuwenden, bedarf es eines massiven Umdenkens. Ein erster Schritt besteht darin, nicht mehr bloß in abstrakten Geldwerten, sondern in konkreten Gütern wie etwa Essen zu denken. Der Sozialethiker und Theologe Oswald von Nell-Breuning ging davon aus, »dass zur Deckung des gesamten Bedarfs an produzierten Konsumgütern ein Tag in der Woche mehr als ausreicht. [...] Die sieht man aber nicht, wenn man von den Finanzen her zu denken anfängt, sondern die sieht man nur, wenn man güterwirtschaftlich denkt.«[5]

1 Georg Büchner, *Leonce und Lena*, 1. Akt, 1. Szene und 3. Akt, 3. Szene, Frankfurt am Main 2008.

2 Die Daten stammen vom Statistischen Bundesamt, www.destatis. de/DE/Publikationen/StatistischesJahrbuch/Soziales.pdf;jsessionid =2643F38C46C7CD1996411052CD41415D.cae4?__ blob=publicationFile.

3 Götz Werner, zitiert nach: www.unternimm-die-zukunft.de/de/ zum-grundeinkommen/kurz-gefasst.

4 »Bedingungsloses Grundeinkommen«, Studie der Gesellschaft für angewandte Wirtschaftsforschung mbH, www.unternimm-die-zukunft.de/de/zum-grundeinkommen/bgestudie_gesell_ange-wandte_wirtschaftsforschung.

5 Oswald von Nell-Breuning, *Arbeitet der Mensch zu viel?*, Freiburg im Breisgau 1985, S. 98 f.

GENERAL-
STREIK
DAS LEBEN
LANG!

>»Die Tätigen rollen, wie der Stein rollt,
gemäß der Dummheit der Mechanik. –
Alle Menschen zerfallen, wie zu allen Zeiten
so auch jetzt noch, in Sklaven und Freie.«[1]

FRIEDRICH NIETZSCHE

Man darf nicht abschalten, die Maschine Mensch muss ständig arbeiten, sogar im Feierabend ist ein Standby das äußerste des Erlaubten, muss man doch per Mobiltelefon und E-Mail erreichbar sein, wenn's brennt. Wir stehen also ständig unter Strom, im metaphorischen und realen Sinn. Wir sind Sklaven unserer Arbeit, unserer Girokonten, E-Mail-Accounts, Meetings, Smartphones, Autos, Ratenzahlungen, Stechuhren, Formulare. Und auch unserer Lebensentwürfe, Pläne, Wünsche und Träume. Wir bewegen eine Computermaus von A nach B, hauen ein paar Zeilen in die Tastatur, schleppen Metallteile, räumen Supermarktregale ein oder hauen mit der Faust auf den Tisch, um die anderen anzutreiben. Gleichzeitig posten wir auf Facebook ständig, was wir in unserer »Freizeit« machen: tolle Ausflüge, Strandurlaub, neue Smartphones kaufen. Doch bevor wir so richtig anfangen zu *leben,* haben wir immer noch etwas zu erledigen.

»An welchem Geländer entlang kann das Leben der Menschen geordnet werden, wenn die Disziplinierung durch die Organisation der Arbeit entfällt?«[2] Der Soziologe und neoliberale Vordenker Ralf Dahrendorf kondensierte in diesem Ausspruch die Floskel »Arbeit ist das halbe Leben« zu einem Tröpfchen Schwachsinn. Verräterisch ist schon die Rede von der Disziplin. Die Arbeit ist angeblich das Korsett, das unseren Alltag in Form bringt. Tatsächlich aber soll es die Gesellschaft auf Linie bringen. Das Korsett der Arbeit schnürt uns die Luft zum Atmen und Leben ab. Die Lohnarbeit ist ein Selbstmord auf Raten mit 9-to-5-Jobs. Sie hält uns von allem Schönen und Freudvollen ab: Wir haben immer weniger Sex, wir essen Junkfood aus der Mikrowelle, wir spielen nicht mit unseren Kindern, wir unterhalten uns mehr mit unseren Geschäftskunden als mit unseren Lebenspartnern und Freunden, wir sehen die Natur nur noch im Fernsehen, wir feiern und reisen zu wenig, wir sind gestresst, gehetzt, launig und lachen kaum. Erst die Arbeit, nie das Vergnügen.

Der Modebegriff der Work-Life-Balance ist verräterisch: Unsere Arbeit und unser Leben sind offensichtlich zu zwei verschiedenen Dingen geworden. Ja, während wir arbeiten, leben wir offensichtlich nicht. Auch das Wort Freizeit ist tückisch: Den modernen Begriff der Freizeit als arbeitsfreier Zeit hat der Pädagoge Friedrich Fröbel 1823 geprägt. Fröbel, Erfinder des Kindergartens, bezeichnete damit die Zeit, die den Zöglingen seiner Erziehungsanstalt in Keilhau »zur Anwendung nach ihren persönlichen und individuellen Bedürfnissen freigegeben« war.[3] Na, das ist ja beruhigend, dass der Begriff der Freizeit seine Wurzeln in einer Anstalt hatte ...

Ein beachtlicher Teil der Freizeit geht drauf für die Arbeit: Als Arbeitsnomaden pendeln wir zu unserem Arbeitsplatz, stecken stundenlang im Stau oder in der Bahn, frisieren und rasieren uns für den Job und, ganz wichtig, erholen uns, damit wir am nächsten Tag wieder unsere Arbeitskraft verdingen können. Nicht zufällig darf in Baden-Württemberg zwischen 22 und 5 Uhr kein Alkohol mehr verkauft werden: Nicht feiern, sondern schlafen und »schaffe, schaffe, Häusle bauen« heißt die Devise. Die Freizeit soll lediglich der Reproduktion unserer Muskeln und Synapsen dienen. Und natürlich dem Konsum der Unsinnsartikel, deren Produktion den Hokuspokus überhaupt erst aufrechterhält.

Einfach nur faulenzen ist selbst während der Freizeit anrüchig; der dynamisch-aktive Mensch von heute sollte stets eine Freizeit*beschäftigung* vorweisen können. Und die Unterhaltungsindustrie sorgt dafür, dass sich keiner langweilt. Teilweise steht der durchökonomisierte Freizeitstress dem Arbeitsstress in nichts nach. In der privaten »Selbstoptimierung« schimmert der berufliche Arbeitsfetisch durch, wenn Menschen beispielsweise akribisch genau per Smartphone-App ihre Joggingleistung erfassen. Fast so präzise wie im Betrieb wird dem arbeitenden Jogger aufs Display gesendet, wie schnell er in welchem Zeitintervall mit wie vielen Pausen und uneffektiven Durchhängern sein Soll erfüllt hat und ob er seine Leistung im Vergleich zum Vormonat steigern konnte.

Es ist schon kurios, dass einer der letzten freien Momente darin besteht, sich krankzumelden. Hierfür gibt es die schönen Bezeichnungen »blaumachen« und, noch treffender, »krankfeiern«. Anlass zum Feiern ist natürlich nicht die Krankheit selbst, aber der Moment der Freiheit ist es – sofern er denn wirklich frei ist: Während der Arbeit denken wir an die Freizeit – und während der Freizeit denken wir an die Arbeit. Das ist ziemlich schizophren.

Apropos schizophren, nur am Rande Sigmund Freuds merkwürdige Theorie zur Arbeit: Freud ging davon aus, dass der Sexualtrieb ein zentrales Charakteristikum des Menschen sei. Nun können wir aber nicht ständig und überall unser »Lustprinzip« ausleben; die gesellschaftlichen Normen halten uns in Schach und wecken dadurch eine »kulturelle Nervosität«, sprich, der permanente Sexualtrieb muss irgendwo sublimiert, also kanalisiert werden. Und was ist da besser als die Arbeit? Hier können wir uns austoben. Die Arbeit unterjocht den Sex, so weit Freuds Theorie Unsere Gesellschaft ist »oversexed and underfucked«: Viele sehen und hören überall Sex, haben aber keinen. Vielleicht gilt deshalb auch umgekehrt: Nicht der Sexualtrieb führt uns dazu, dass wir uns in die Arbeit stürzen. Sondern: Weil wir permanent arbeiten, liegt unsere Libido brach.

Aber vereinzelt sieht man sie noch, die Müßiggänger und Faulenzer. Sie lümmeln auf Parkbänken rum, trinken ein Bier gucken nutzlos in die Luft, plaudern, feiern, relaxen und – sie arbeiten nicht. Viele von ihnen haben sich bewusst und aus freien Stücken für diesen Lebensweg entschieden. In der Weimarer Republik gab es von 1927 bis 1933 eine dem Anarchosyndikalismus nahestehende »Bruderschaft der Vagabunden«, deren Schutzpatron Till Eulenspiegel war. Gründer der Bewegung war Gregor Gog, der »König der Vagabunden«. Im April 1933 – die Zahl der Obdachlosen lag damals bei über 450000 Menschen – wurden er und seine Frau Anni Geiger-Gog von der Gestapo verhaftet, später gelang ihnen die Flucht. Pfingsten 1929 organisierte Gog den ersten internationalen Vagabundenkongress in Stuttgart. Obwohl die Stadt und die Presse alles dafür taten, den Kongress zu unterbinden – die Polizei errichtete sogar Straßensperren –, nahmen über fünfhundert Vagabunden teil. Auf den Flugschriften, die zum Kongress aufriefen, stand über den Vagabund:

»Die tugendfreien Spießer sprechen von den Vagabunden als einem arbeitsscheuen Gesindel. [...] Seine
[des Vagabunden; Anm. P. S.] Aufgabe ist in dieser Welt
nicht die spießbürgerliche Arbeit. Diese Arbeit wäre
Mithilfe zur weiteren Versklavung, wäre Arbeit an der
bürgerlichen Hölle! Sklavendienst zum Schutze und zur
Erhaltung der Unterdrücker! Der Kunde, revolutionärer
als Kämpfer, hat die volle Entscheidung getroffen: *Generalstreik das Leben lang! Lebenslänglich Generalstreik!*«[4]

Auch heute gibt es verschiedenste Protestbewegun-
gen. In Japan beispielsweise spricht man seit den späten
1980ern von »freeter«, ein Kofferwort aus dem Englischen »free« und dem deutschen »Arbeiter«. Ursprünglich bezeichnet der Begriff junge Menschen, die sich
nach der High School oder Uni bewusst gegen eine Bü-
rokarriere entscheiden, obwohl sie die Möglichkeit dazu
hätten. Wenn überhaupt, dann arbeiten die Freeter in
Teilzeit. Gab es 1982 noch um die fünfhunderttausend
Freeter in Japan, waren es 1992 über eine Million, 2001
über vier Millionen und 2012 bereits zehn Millionen.
Tendenz steigend. Bekannt sind auch die umherziehen-
den »tramps« – bekannt aus dem gleichnamigen Film
mit Charlie Chaplin –, die nur dann arbeiten, wenn sie
dazu gezwungen werden, und die »bums«, die überhaupt nicht arbeiten. Die Bums betteln lieber und ziehen es vor, an einem Ort zu bleiben. Ein moderner Ausdruck für den Bum ist der »slacker«. Mit diesem
Ausdruck bezeichnete man während der beiden Weltkriege ursprünglich Wehrdienstverweigerer. Mittlerweile werden all jene zu den Slackern gezählt, die be-

wusst keine Karriere und keinen sozialen Aufstieg anstreben, ein Minimum an (Arbeits-)Leistung zeigen und kein Interesse an Statussymbolen haben. Paradebeispiel für einen Slacker ist die Hauptfigur Jeffrey Lebowski, genannt »The Dude«, im Filmklassiker *The Big Lebowski* (1998).

Stichwort Kino: Hier gab es in den letzten Jahren eine interessante Akzentverschiebung. Waren in den 1980er-Jahren noch Rechtsanwälte, Börsenhaie und Manager die Helden, so avanciert inzwischen mehr und mehr der Aussteiger zum Helden. Die permanente Krise des Kapitalismus hinterlässt ihre Spuren auch im Kino. Im Film *Fight Club* (1999) schmeißt der namenlose Protagonist seinen gut bezahlten Job bei einem Autokonzern hin, prügelt sich in Kneipenkellern, jagt seine Wohnung in die Luft und zieht in eine Bruchbude im Industriegebiet. »Du bist nicht dein Job! Du bist nicht das Geld auf deinem Konto! Nicht das Auto, das du fährst!«, ruft er uns Zuschauern im illusionszerstörenden Brecht'schen V-Effekt zu. Im Anschluss gründet er – genauer: sein imaginäres Ich namens Tyler Durden – mit dem »Projekt Chaos« eine Stadtguerilla, die die Wolkenkratzer des Bankenviertels zum Einstürzen bringt. In der Buchvorlage von Chuck Palahniuk und im Film manifestiert sich nicht die (gerade von den 1950ern bis 1980ern) gern verfilmte Hoffnung »vom Tellerwäscher zum Millionär«, sondern eine Kritik am Arbeitsalltag in westlichen Industrie- und Dienstleisternationen.

Die Mystifizierung der Arbeit ist der Realität gewichen, selbst in der Scheinwelt des Films. Allerdings zeigen die heutigen Mainstream-Filme – im Gegensatz zu

Fritz Langs *Metropolis* (1927), wo die Arbeit in dreckigen Höhlen stattfindet – selten die *ganze* dreckige Wahrheit der Fabrikhallen, wie Slavoj Žižek bemerkt: »Der einzige Ort, wo wir den Produktionsprozess in all seiner Intensität sehen, erscheint, wenn James Bond im Areal des Verbrechers zur Stätte der tatsächlichen Arbeit vordringt (Verpackung von Drogen, Bau einer Rakete, die New York zerstören soll …). Wobei die Funktion von Bonds Eingreifen natürlich die ist, diese Produktionsstätte mit einem Feuerzauber in die Luft zu jagen und uns Zuschauern zu gestatten, zur täglichen Scheinexistenz in einer Welt mit ›verschwindender Arbeiterklasse‹ zurückzukehren.«[5]

Das ähnelt einem Kind, das die Hände vor seine Augen hält und davon ausgeht, dass es von niemandem gesehen wird. Manche aber nehmen die Hände weg und blicken der Realität ins Auge – die freiwilligen und unfreiwilligen Aussteigerinnen und Aussteiger gibt es in der echten und der filmischen Welt. Sie durchschauen den Arbeitsfetisch und ziehen sich von ihm zurück. Klarerweise handelt es sich hier um einen Rückzug, den man sich erst einmal leisten können muss – ohne Arbeit kein Brot. Insofern ist die Ideologie höchst real. Kritiker mögen den Arbeitsverweigerern vorwerfen: Wenn ihr von Freiheit träumt, bestätigt ihr bloß die Ideologie der Arbeit. Hm, vielleicht ist das so. Aber immer dann, wenn die Menschen faul *sind,* zerstören sie diese Ideologie.

1   Friedrich Nietzsche, *Menschliches, Allzumenschliches*, KSA, Bd. 2,
    S. 214.

2   Ralf Dahrendorf, »Wern aus Arbeit sinnvolles Tun wird«, in: *Die
    Zeit*, 3. Dezember 1982, www.zeit.de/1982/49/wenn-aus-arbeit-
    sinnvolles-tun-wird.

3   Friedrich Fröbel, *Aus Fröbel's Leben und erstem Streben*, Berlin
    1862, S. 341.

4   Aufruf zum Kongress der Vagabunden 1929 in Stuttgart, Abbild
    der Flugschrift auf: www.drstefanschneider.de/armut-
    a-wohnungslosigkeit/kunden-&-vagabunden/811- gregor-gog-
    generalstreik-das-leben-lang-lebenslaenglich-generalstreik-
    stuttgart-1929.html.

5   Slavoj Žižek, »Willkommen in der Wüste des Realen«, in: *Die Zeit*,
    20. September 2001, www.zeit.de/2001/39/200139_zizek.xml.

PROLETARIER ALLER LÄNDER, VERWEIGERT EUCH!

»Ganze Generationen haben bis heute in Jobs gearbeitet, die sie hassen, nur, damit sie kaufen können, was sie gar nicht brauchen. [...] Stellt euch vor, wir rufen einen Streik aus, und alle Leute verweigern die Arbeit, bis wir den Reichtum in der Welt neu verteilt haben.«[1]

TYLER DURDEN, HAUPTFIGUR. DES FILMS *FIGHT CLUB*

Am 9. August 2010 verließ Steven Halter ein Flugzeug – und seinen Job. Der Flug 1052 von Pittsburgh nach New York verlief ruhig. Steven Halter arbeitete wie sonst auch als Flugbegleiter von JetBlue Airways und forderte wie sonst auch die Passagiere auf, nach der Landung angeschnallt zu bleiben. Wie sonst auch stand natürlich jemand vor der Freigabe auf und suchte nach seinem Handgepäck. Nach einer freundlichen Ermahnung führte der 39-jährige Flugbegleiter einen lautstarken Disput mit dem Passagier, verlor schließlich die Nerven, schnappte sich ein Dosenbier, löste die Notrutsche aus, rief laut »That's it!« und flüchtete aus dem Flugzeug. Ein paar Stunden später nahm ihn die Polizei fest. Das anschließende Urteil: 10 000 US-Dollar Strafe und eine psychologische Behandlung. Schon kurz nach seiner Aktion lief die Story auf allen TV-Kanälen. Steven Halter erntete viel Beifall und avancierte zum Helden aller Lohnsklaven und Arbeitsverweigerer.

Die Geschichte von Steven Halter ist amüsant, vielleicht auch ermutigend, sie ändert aber nichts an unserer katastrophalen Arbeitswelt. Die mächtigste Waffe der Arbeiter liegt in ihrer Fähigkeit, *nicht* zu arbeiten. Ein Streik kann ganze Unternehmen in Bedrängnis bringen und Regierungen stürzen. In Deutschland jedoch ist es schlecht bestellt um den Arbeitskampf: »Weniges ist so symptomatisch für den Zerfall der Arbeiterbewegung, wie dass sie davon keine Notiz nimmt«, wie Adorno lakonisch bemerkte.[2] Die großen Gewerkschaften sind längst zu Handlangern des Kapitals und der Politik verkommen. Mit Trillerpfeifen treten sie ein für ein paar Prozentpunkte mehr Lohn. Das ist an sich nicht verwerflich, aber durch und durch reformistischer Kleinkram. Für eine gerechte Verteilung der Produktionsmittel kämpfen sie ebenso wenig wie für eine Verringerung der Wochenarbeitszeit oder andere, grundlegende Veränderungen. Auch das hat mit dem Stockholm-Syndrom zu tun: Die Knechte haben sich weitgehend mit ihren Herren abgefunden. Als die Handwerker und Bauern zu Beginn der Industrialisierung in die Fabriken gepfercht wurden, um ihre Arbeitskraft zu verkaufen, sträubten sich die meisten, weil sie diese Form der Arbeit als unwürdig ansahen. Doch der »Mensch neigt dazu, die erlittene Schmach zu rechtfertigen, die er nicht rächen kann. Mit dem unaufhaltsamen Erfolgszug der Industrialisierung wurde der Lohnarbeit nicht mehr mit Schande, sondern mit Stolz begegnet.«[3] Die protestantische Erwerbsethik segnete diese Haltung ab und gab den Arbeiterinnen und Arbeitern so die letzte Ölung. Streiken heißt, gegen die göttliche Ordnung und das Arbeitsethos zu verstoßen. Die Arbeiterschaft muss, so Paul Lafargue, »die *Faulheitsrechte* verkünden, die tausendfach edler und heiliger sind als die schwindsüchtigen *Menschenrechte,* die von den metaphysischen Anwälten der bürgerlichen Revolution ausgebrütet wurden«.[4]

Der Generalstreik ist eine überaus mächtige Waffe. Während in anderen europäischen Staaten wie Frankreich, Italien, Spanien und Griechenland der Generalstreik juristisch gedeckt ist und auch munter praktiziert wird, ist er in Deutschland seit einem Urteil des Bundesarbeitsgerichts von 1955 rechtswidrig, keine der großen Gewerkschaften hat jemals gewagt, ihn auszurufen.

Hauptverantwortlich dafür war der ehemalige Präsident des Bundesarbeitsgerichts, Hans Carl Nipperdey, der sich während des NS-Faschismus fleißig am »Kriegseinsatz der Geisteswissenschaften« beteiligt und entscheidend das NS-Arbeitsrecht verschärft hatte.

Als Begründung für das Verbot des Generalstreiks in Deutschland wurde angeführt, dass wir ja schließlich in einer repräsentativen Demokratie lebten, der politische Wille des Volks also per vierjähriger Kreuzchenwahl artikuliert werde und es deshalb keiner Generalstreiks bedürfe, die ja auch stets eine politische Dimension aufwiesen. Der letzte Punkt trifft zu, der Rest ist Quatsch. Was sind schon Wahlen? Die fünf Meinungen, die uns die politischen Parteien alle vier Jahre zum Ankreuzen vor die Nase setzen, sind nur in der Theorie demokratisch. »Zuletzt aber ist es gleichgültig, ob der Herde eine Meinung befohlen oder fünf Meinungen gestattet sind.«[5] So viel dazu aus der Feder Friedrich Nietzsches. Die Interessen der Menschen perlen an den sogenannten Volksvertretern einfach ab. Gerade deshalb sind ziviler Ungehorsam und Demonstrationen – und mit ihnen Generalstreiks – eine notwendige Waffe gegen die Staatsgewalt. Doch wer nicht Anzeige erhebt gegen die Politik unserer Zeit, der hat den Prozess schon verloren. Das Verbot von Generalstreiks zeigt, wie eng Politik und Wirtschaft verflochten sind. Streiks sind nur zulässig für ein paar klitzekleine wirtschaftliche Forderungen, nicht aber für großangelegte politische Ziele. Es ist die altbekannte Leier Die Politik schützt das Kapital – und sich selbst. Dabei ist ein politisches Streikrecht in Deutschland überfällig!

Bis dahin besteht die Hoffnung, dass auch kleinere Streiks enorme Wirkung entfalten können. Die großen Autohersteller beispielsweise haben an die 40 000 Zulieferer, fast achtzig Prozent der Produktion wird mittlerweile außerhalb der firmeneigenen Endmontage erledigt. Streikt einer der hochspezialisierten (und häufig unersetzbaren) Zulieferer, dann kann die ganze Produktionskette zusammenbrechen. »Alle Räder stehen still, wenn dein starker Arm es will!«, heißt es im Bundeslied für den Allgemeinen Deutschen Arbeiterverein, das der Vormärz-Revoluzzer Georg Herwegh 1863 dichtete. Hier und da flammt Protest auf, der eine enorme Schlagkraft hat: Im Oktober 2002 streikten die Hafenarbeiter an der US-Westküste. Zuerst praktizierten sie einen »slowdown«, das heißt, sie arbeiteten deutlich langsamer und riefen einen Bummelstreik aus. Daraufhin verwiesen die Unternehmer die Hafenarbeiter mit einem »lockout« ihrer Arbeitsplätze, was zu einer mittleren Katastrophe beim Warenfluss führte: Die auf Just-in-Time ausgelegte Wirtschaft kam streckenweise zum Erliegen, die Autoindustrie hatte keine Bauteile mehr, verderbliche Nahrungsmittel vergammelten – die Folgekosten des Streiks beliefen sich für die US-Wirtschaft auf rund zwei Milliarden US-Dollar täglich. Das Beispiel zeigt: Einige Tausend Arbeiter können die größte Wirtschaftsmacht der Welt ins Taumeln bringen. Das Beispiel zeigt aber auch die brachialen Antworten der Politik. Auf Geheiß des damaligen US-Präsidenten George W. Bush hat der US-Bundesrichter William Alsup den Streik nach zehn Tagen gestoppt und ein 80-tägiges Streikverbot verhängt.

Das Kapital wehrt sich, die Ausgebeuteten wehren sich ebenso. Schon kleinste Streiks machen etwas Mut. Während sich in Spanien die Krise zuspitzt, wurden bislang über eine halbe Million Wohnungen zwangsgeräumt und den Banken übergeben. Einige wollten dieses Spielchen nicht mehr mitmachen: Im nordspanischen Pamplona zum Beispiel haben sich sämtliche Schlossereibetriebe zusammengetan und einstimmig beschlossen, ab sofort keine Wohnungstüren mehr aufzubrechen. Seitdem hat keiner der fünfzehn Betriebe ein Türschloss geknackt, keine einzige Wohnung wurde zwangsgeräumt.

1 Chuck Palahniuk, *Fight Club*, München 2004, S. 187 f.

2 Theodor W. Adorno, *Minima Moralia*, S. 115.

3 Guillaume Paoli, »Wider den Ernst des Lebens«, in: Paul Lafargue, *Das Recht auf Faulheit*, S. 81–123, hier S. 92

4 Paul Lafargue, *Das Recht auf Faulheit*, S. 29.

5 Friedrich Nietzsche, *Fröhliche Wissenschaft*, KSA 3, S. 179.

DO-IT-
YOURSELF-
ANARCHISMUS

»Kein Geschöpf unterwirft sich zufrieden
seinesgleichen; und wäre ein Pferd
so klug wie ein Mensch, so möchte ich
nicht sein Reiter sein.«[1]

BERNARD MANDEVILLE

Der Sozialtheoretiker Bernard Mandeville, der die Missstände im London an der Schwelle vom 17. zum 18. Jahrhundert mit eigenen Augen erlebte, legte den Finger auf die Wunde der frühkapitalistischen Gesellschaft. Und recht hatte er! Wenn wir schon schuften müssen, dann bitte nicht, um die Kassen eines Großkonzerns zu füllen. Doch wie können wir ein freies Leben führen, wenn wir überall in Ketten liegen? Der Staat wird uns nicht helfen. Sowohl der kapitalistische Nachtwächter-Staat als auch der sozialistische Wasserkopf-Staat haben kläglich versagt.

»Nur dann bin ich wahrhaft frei, wenn alle Menschen, die mich umgeben, Männer und Frauen, ebenso frei sind wie ich«, sagte der Anarchist Michail Bakunin. Ja, apropos Anarchismus: Ein zentraler Unterschied zwischen Sozialisten und Anarchisten liegt seit jeher in ihrer Bewertung der Arbeit. Während die Sozialisten mehr Geld für die Arbeiter fordern, wollen die Anarchisten weniger Arbeitsstunden. Der Anarchismus (der übrigens nichts mit Bombenlegern zu tun hat, sondern mit einer dezentralen, direkten und staatenlosen Demokratie) ist meines Wissens die einzige politische Strömung, die vehement für eine Verringerung der Arbeitszeit eintritt und die es überhaupt wagt, den Arbeitsfetisch offen zu kritisieren.

Wenn Chaos herrscht, kommt einem das Wort Anarchie schnell über die Lippen, insbesondere in den Medien. Dabei meint der Begriff, so die berühmte Losung von Pierre-Joseph Proudhon, »Ordnung ohne Herrschaft«. Der Anarchismus lehnt eine Herrschaft von Menschen über Menschen als Form der Unterdrückung von Freiheit ab. Stattdessen favorisieren Anarchistinnen und Anarchisten selbst organisierte Basisdemokratien mit freiwilligen horizontalen Zusammenschlüssen, gegenseitiger Hilfe und ohne staatliche Machtapparate. Die föderalen Bündnisse reichen von kleinsten Kollektiven bis hin zu Genossenschaften. Die Produktionsmittel (Anbauflächen, Rohstoffe, Maschinen, Fabriken, Rechenzentren) liegen nicht in der Hand einiger weniger, sondern gehören schlichtweg der Allgemeinheit; und Dienstleistungen jeder Art stehen allen Menschen kostenlos zur Verfügung. Das mag auf den ersten Blick etwas abstrakt und vielleicht verrückt klingen, in der Praxis jedoch hat es sich bereits bewährt.

Beispiel Wikipedia. Was früher der Griff zum Brockhaus war, ist heute der Klick bei Wikipedia. Das 2001 gegründete Online-Lexikon steht auf Platz sechs der weltweit am häufigsten besuchten Internetseiten; derzeit gibt es über dreißig Millionen Artikel in rund 280 Sprachen. Im Kern ist Wikipedia basisdemokratisch: Jeder kann mitbestimmen, jeder kann Artikel schreiben oder ändern, alle Inhalte sind kostenlos. Zwar ist auch Wikipedia nicht vor Problemen gefeit, vor allem, wenn es um die Neutralität von Artikeln geht. Aber sie schlägt den zentralistisch organisierten Brockhaus um Längen, was die Vielfalt des Wissens, den Preis und vor allem die Organisation anbelangt. Die dezentrale Schwarmintelligenz ist dem zentral planenden Wasserkopf haushoch überlegen. Vergleichbare basisdemokratische Open-Source-Projekte wie etwa GNU/Linux, der Apache HTTP Server, Mozilla Firefox oder Open Office sind ebenfalls erfolgreich und in aller Welt verbreitet. Und was digital funktioniert, trug und trägt auch in der analogen Welt Früchte.

Beispiel Anarchosyndikalismus in Spanien 1936. Während des Spanischen Bürgerkriegs (1936–1939) gab es einen »kurzen Sommer der Anarchie«, wie Hans Magnus Enzensberger seinen Roman zum Thema betitelte. Vielerorts, vor allem in und um Barcelona, kollektivierten die Arbeiterinnen und Arbeiter die Landwirtschaft, das Verkehrswesen, die Telefongesellschaften bis hin zu Fabriken, Restaurants, Friseursalons und Kinos. Über drei Viertel Kataloniens, Kastiliens und Aragóns waren in den Händen der Anarchistinnen und Anarchisten, sprich der Bevölkerung. Rund drei Millionen Menschen haben sich an den kollektivwirtschaftlichen Projekten zwischen Juli 1936 und April 1939 beteiligt. Die Fabrik- und Großgrundbesitzer wurden enteignet, der gesamte Besitz und die gesamte Organisation ruhten in Form von »Freien Kommunen« in den Händen der Bevölkerung – mit weitreichenden Folgen, wie der Schriftsteller und Augenzeuge George Orwell berichtete:

»Sie lebten alle auf dem gleichen Niveau unter den Bedingungen der Gleichheit. [...] Viele normale Motive des zivilisierten Lebens – Snobismus, Geldschinderei, Furcht vor dem Boss und so weiter – hatten einfach aufgehört zu existieren. Die normale Klasseneinteilung der Gesellschaft war in einem Umfang verschwunden, wie man es sich in der geldgeschwängerten Luft Englands fast nicht vorstellen kann. Niemand lebte dort außer den Bauern und uns selbst, und niemand hatte einen Herrn über sich.«[2]

Für das Jahr 1984 prognostizierte Orwell die Hölle auf Erden, 1936 sah er in Spanien vielleicht, wie das Paradies aussehen könnte: Alle Menschen wurden kostenlos mit Essen in öffentlichen Speisesälen und Ausgabestellen versorgt. Kleidung war ebenso umsonst, auch alltägliche Dinge wie eine Busfahrt oder ein Haarschnitt. Die Arbeitszeiten konnten aufgrund der hervorragenden Selbstorganisation der Stadt deutlich reduziert werden, ebenso das Verkehrschaos. Auf dem Land wurden die Großgrundbesitzer verjagt und die Äcker und Gärten wurden fortan gemeinschaftlich bewirtschaftet. Die Erträge wuchsen trotz sinkender Arbeitszeiten um vierzig Prozent. Arztbesuche und Medikamente waren allen umsonst zugänglich. Wo zuvor nur Kinder aus wohlhabenden Familien zur Schule gingen, stand Bildung nun allen frei offen. Sogar die Wohnmieten fielen weg, Wasser und Strom waren ebenfalls gratis verfügbar. Der deutsche Anarchist und Augenzeuge Augustin Souchy schwärmte:

»Von den 4000 Einwohnern des Ortes Alcoriza, traten 3700 freiwillig dem anarchosyndikalistischen Kollektiv bei. [...] Wein und Gemüse wurden gratis verteilt. Jeder erhielt davon, wie viel er wollte. [...] Das Geld war abgeschafft worden. [...] Niemand erhielt Lohn, doch niemand brauchte etwas kaufen. Alles was die Kollektivisten benötigten, erhielten sie vom Kollektiv gratis. ›Sagt mal, Genossen! Wenn da jeder einfach hingeht und sich holt, was er braucht, ohne etwas dafür bezahlen zu müssen, kommt es da nicht zu Übertreibungen? Gibt es nicht welche, die diese Situation ausnützen?‹ Hier kennt einer den anderen. Wir wissen sehr gut, wer etwas nötig hat und wer nichts braucht. [...] Wer darauf ausginge, das Kollektiv zu betrügen, wäre in der Gemeinschaft unmöglich. Man würde mit dem Finger auf ihn zeigen. Für jeden erscheint es eine Ehrensache, in uneigennütziger Weise am gemeinsamen Werke mitzuarbeiten. Jeder bekommt, was er braucht, solange etwas da ist. Vertrauen wird gegen Vertrauen gesetzt.«[3]

Die erfolgreichen Anarchosyndikalistinnen und -syndikalisten wollten weder einen republikanischen oder sozialistischen Staat noch eine faschistische Diktatur, sie lebten in einer anarchistischen Ordnung und wollten ein freies Leben ohne Autoritäten führen. Und offenbar kamen sie diesem Ziel immer näher, trotz der widrigen Umstände während des Bürgerkriegs. Doch genau dieser wurde ihnen zum Verhängnis: Schon bald wurden sie blutig niedergeschossen, zum einen von sozialistisch-marxistischen Gruppierungen, zum anderen von den faschistischen Truppen Francos. Auf den kurzen Sommer der Anarchie folgte ein langer Winter des Faschismus, der erst mit dem Tod Francos 1975 endete. Gegenwärtig ist es natürlich nicht so leicht, eine anarchistische Organisation in diesem Maßstab aufzubauen – zu mächtig sind die kapitalistischen Verflechtungen. Dennoch gibt es imposante Beispiele.

2001 wurde Argentinien von einer schweren Wirtschaftskrise erfasst, zahlreiche Fabriken mussten schließen; so auch die Fliesenfabrik Zanón in der argentinischen Provinz Neuquén. Doch bevor sich die Tore auf immer schlossen, haben die rund 300 Arbeiterinnen und Arbeiter die Fabrik im Oktober 2001 besetzt. Seit März 2002 steht die Fabrik unter vollständiger Arbeiterkontrolle und produziert bis heute, erfolgreicher denn je, wieder Fliesen und Keramikartikel. In der hochmodernen »FaSinPat« (Fábrica sin Patrones, Fabrik ohne Chefs) arbeiten 470 Menschen, die allesamt denselben Einheitslohn von 800 Pesos (112 Euro) erhalten, ganz gleich, ob sie dort als Pförtner, Kantinenhilfe, Keramikbrenner oder Anwältin tätig sind. Alle Entscheidungen werden basisdemokratisch diskutiert und beschlossen. Die Belegschaft wächst, die Arbeiterinnen und Arbeiter sind zufrieden und die Produktivität konnte von 10 000 Quadratmeter Fliesen monatlich auf 300 000 Quadratmeter erhöht werden. Es bleibt sogar noch Geld übrig für soziale Projekte wie eine Gesundheitsstation für die Mitarbeiter.

Es gibt auf der Welt unzählige vergleichbare Projekte, wie etwa das Indian Coffee House, ein basisdemokratisches Mitarbeiterunternehmen in Indien mit fast vierhundert Café-Filialen. Oder der weltweit agierende Independent-Buchverlag und Vertriebsservice AK Press. Als Genossenschaft organisiert hat das Mitarbeiterkollektiv keine Chefs, dafür aber Anspruch auf gleiche Bezahlung und gleiches Mitspracherecht. In Deutschland findet sich das ebenfalls weltweit tätige, 1979 von Studenten gegründete Unternehmen Wagner & Co Solartechnik GmbH, die über dreihundert Mitarbeiterinnen und Mitarbeiter sind zugleich die alleinigen Besitzer des Unternehmens und produzieren erfolgreich Solarzellen. Beim philippinischen Projekt Masipag haben sich rund 35 000 Bauernfamilien organisiert, die unabhängig von Großkonzernen rund 750 alte Reissorten gerettet und 500 neue Reislinien gezüchtet haben. Die basisdemokratische Organisation unterhält mehrere (gentechnikfreie)

Saatgutzentren und unterstützt in Not geratene Betriebe; bei den zahlreichen Flutkatastrophen können die Familien schnell reagieren und geeignete Sorten neu anpflanzen. Rund um den Globus gibt es Genossenschaften und selbstverwaltete Kollektive, nicht nur bei Buchläden, Druckereien, Cafés, Kneipen und vor allem landwirtschaftlichen Betrieben, sondern selbst bei Solarkraftwerken und Hightech-Unternehmen.[4] Im Gegensatz zu den Kollektiven des Spanischen Bürgerkriegs stecken die heutigen Genossenschaften und Kollektive natürlich mitten im globalen Kapitalismus, sodass sie unweigerlich Abstriche machen müssen. Aber wenn schon arbeiten, dann einigermaßen frei: Arbeit ohne Entfremdung, Ausbeutung und Chefs ist keine Utopie, sondern eine (oft ignorierte) Möglichkeit.

Und wo ich in diesem Buch schon mehrfach den Mangel an »echter« Arbeit beklagt habe, also an Arbeit, die unsere wahren Bedürfnisse befriedigt – sie blüht wieder auf: In Berlin, Zürich und anderen Großstädten ist es momentan trendy, mitten in der Stadt Gemüse anzubauen. Urban Gardening ist medienwirksam und sinnvoll zugleich, denn hier wird ein fast verschüttetes Wissen bewahrt: Jeder kann ein Word-Dokument formatieren und eine E-Mail versenden, aber kaum jemand kann Kartoffeln, Kürbisse und so weiter anpflanzen. Sozialromantik? 1973 gründete die Künstlerin Liz Christy den ersten ›community garden« in New York City, mittlerweile gibt es dort an die tausend Gärten, auf die gesamten USA verteilt sind es über zehntausend. Die meisten Gärten entstehen auf besetztem Brachland und Abrissgrundstücken. Die Stadtgärten werden zu neunzig Prozent von Afroamerikanerinnen und -amerikanern und Hispanics betrieben, für die das Urban Gardening und Farming alles andere als trendiger Hipsterkram ist: In den Staaten bekommen Sozialhilfeempfänger nach fünf Jahren Bezug keine staatlichen Sozialleistungen mehr – so viel zur angeblichen »welfare queen«. Die Gärten sind überlebensnotwendig, gerade in Städten wie Detroit: Nach dem Niedergang der Automobilindustrie sind über fünfzig Prozent der Bewohner arbeitslos, die Gärten der Motown müssen blühen, damit niemand verhungert.[5]

Im kubanischen Havanna stammen 92 Prozent der Lebensmittel aus »organopónicos«. Diese städtischen Gärten sind weder auf große landwirtschaftliche Maschinen angewiesen noch haben sie einen hohen Dünger- und Ölbedarf. Im krisengebeutelten Südeuropa sprießen die Gärten nicht ohne Grund – und auch in Deutschland könnten Schrebergärten und bepflanzte Brachflächen schon bald zur Grundversorgung beitragen. Spätestens dann, wenn die kapitalistische Apokalypse ihren Zenit erreicht. So oder so kann man die Lohnarbeit deutlich reduzieren, wenn man sich selbst versorgt. Das Image von Ökospinnern und Spießbürgern mit Gartenzwergen existiert jedenfalls nur noch in den Köpfen jener, die noch nie zum Spaten gegriffen haben.

Urban Gardening ist also, fernab jeder Sozialromantik, für viele Menschen essenziell. Es geht aber auch darum, den öffentlichen Raum zurückzuerobern und eine Allmende zu schaffen. Die gab es bereits vor der Reformation – und ansatzweise auch vor hundert Jahren: Am

31. Juli 1919 wurde die »Kleingarten- und Kleinpacht-landordnung« erlassen, die allen, die wollten, Zugang zu einer ausreichend großen Parzelle Land zusprach, um den eigenen Bedarf an Gemüse erwirtschaften zu können – in der Nachkriegszeit war das für die Versorgung der Bevölkerung von großer Bedeutung. In Berlin zum Beispiel gab es 1925 über 165 000 Koloniegärten mit insgesamt 6239 Hektar Anbaufläche. Sinnvolle Arbeit – die obendrein zum Lebensunterhalt beitragen kann – ist also möglich. Die Frage des Eigentums ist jedenfalls zentral, wenn die Arbeitswelt neue Formen annehmen (und überhaupt der Kapitalismus verschwinden) soll. Wer über die analogen Grundlagen der Arbeit, also Land, Wasser, Maschinen und Fabriken verfügt (und heutzutage auch über Computer und digitale Quellcodes), kann die Arbeit und ihre Früchte solidarisch und kollektiv aufteilen.

Noch was: Wer beim Begriff Anarchismus noch immer Bluthochdruck bekommt, lässt ihn einfach weg. Die funktionierende Praxis sagt ohnehin mehr als tausend Worte. Ja, wir können auf Reformen hoffen, uns für das BGE und Arbeitszeitverkürzungen starkmachen und den Generalstreik ausrufen. Was aber tun, wenn wir damit keinen Erfolg haben? Weiterkämpfen, klar. Wir können aber auch im Gehäuse der alten Gesellschaft eine neue aufbauen und, so weit wie möglich, einfach so handeln, als ob der Staat gar nicht existiert. Maschinen-stürmerei ist ebenso aussichtslos und realitätsfremd wie ein Primitivismus, der uns zurück auf die Bäume schicken will. Und wer die Hände in den Schoß legt und auf den Staat hofft, der kann genauso gut auf den Weihnachtsmann warten. Das einzige, was hilft, sind aktive Gegenmodelle alternativen Wirtschaftens – und Proteste jeder Art, die erst zum Bewusstseinswandel und dann hoffentlich zu konkreten Veränderungen führen.

1   Bernard Mandeville, *Die Bienenfabel oder private Laster als gesellschaftliche Vorteile*, Leipzig 1988, S. 276.

2   George Orwell, *Mein Katalonien*, Zürich 1975, S. 132f.

3   Augustin Souchy, *Nacht über Spanien. Bürgerkrieg und Revolution in Spanien 1936–39*, Frankfurt am Main 2007, S. 124f.

4   Einen sehr guten Überblick bietet der Sammelband *Wirtschaft zum Glück. Solidarisch arbeiten heute, weltweit*, hrsg. von Bettina Dyttrich und Pit Wuhrer, Zürich 2012.

5   Zum Thema Urban Gardening z. B. Jennifer Cockrall-King, *Food and the City. Urban Agriculture and the New Food Revolution*, New York 2012; Christa Müller (Hrsg.), *Urban Gardening*, München 2011.

MÜSSIGGANG

IST ALLER

LASTER ENDE

»Die Menschen arbeiten gemeinhin allzu viel, um
noch sie selbst zu sein. [...] Aus allen Kräften und
nur um der Arbeit willen arbeiten, sich
an der Anstrengung laben, die unweigerlich zu
belanglosen Errungenschaften führt, sich vorstellen, dass man sich nur durch objektive und
unausgesetzte Arbeit verwirklichen kann, darin
liegt das Empörende und Unbegreifliche. [...]
Um die moderne Welt zum Leben wachzurütteln,
muss das Lob der Faulheit angestimmt werden.«[1]

E. M. CIORAN

Der Schlendrian hat sie schon in den Ohren, die Gegenantwort: »Was würde nur passieren, wenn das jeder so sehen und machen würde wie du?« Hm, gute Frage. Mehr Müßiggang bedeutet weniger Laster. Unsere Gesellschaft muss sich entschleunigen, will sie nicht aus den Fugen geraten. Für einen Fließbandarbeiter, eine Fahrkartenkontrolleurin, einen Friseur oder eine Krankenpflegerin mag das ja ganz hübsch klingen – aber unerreichbar sein. Die meisten Geringverdiener können es sich ja noch nicht einmal leisten, in Teilzeit zu arbeiten. Viele schuften hart und verdienen mickrig, ihnen droht ständig die Kündigung, kurzum: sie haben fast keine Chance, aus dem Hamsterrad auszubrechen. Das sind triftige Kritikpunkte. Vor allen sozialpolitischen Veränderungen aber steht der *Bewusstseinswandel*. Wir müssen uns darüber klar werden, wie massiv wir vom Arbeitsfetisch indoktriniert sind und wie sehr wir mit unseren Kidnappern sympathisieren.

Während ich hier den Arbeitswahn kritisiere, arbeite ich bereits – insofern ist ein Buch gegen die Arbeit selbst schon Arbeit und somit ein performativer Widerspruch. Aber erstens ist das Schreiben für mich keine entfremdete Arbeit, zweitens muss ich etwas Geld verdienen, drittens muss man etwas Arbeit säen, um Faulheit ernten zu können. Auf die große Gefahr hin, dass ich gegen Windmühlen kämpfe, soll die Kritik am Arbeitswahn eine Debatte anstoßen.

Was tun? Es ist nicht leicht, dem Arbeitswahn ein Schnippchen zu schlagen und Kleinode der Freiheit zu schaffen: Wir könnten, *wenn möglich,* in Teilzeit arbeiten; Frührentner werden; auswandern; Kleidung, Möbel und Elektrogeräte secondhand kaufen; Tauschringe gründen und nutzen; unnötige Verträge kündigen; unnötigen Besitz verkaufen oder gar nicht erst erwerben; ein Bistro oder einen Buchladen als Genossenschaft gründen; als Selbstversorger einen Schrebergarten oder gleich ein Agrarkollektiv betreiben; und auch die Fabriken als Kollektivbetriebe organisieren. Klingt hippiemäßig? Nur für den Spießer. Erstens gibt es bereits – wie oben gezeigt – zahlreiche dieser Organisationsformen, gerade in krisengebeutelten Städten und Ländern, die erfolgreich alternativ wirtschaften. Zweitens sind diese Organisationsformen vielleicht schon bald ein Modell für die ganze Welt. Die klassische Lohnarbeit ist ebenso ausbeuterisch wie altbacken. Ist man nicht gerade Millionenerbe oder Lottomillionär, kann man nur mit kleinen alltäglichen Schritten beginnen. Der große Sprung hingegen kann nur dadurch erfolgen, dass sich das kollektive Bewusstsein wandelt. Am Anfang dieses Wandels muss ein anderes Ideal stehen:

»Nachdem die knechtende Unterordnung der Individuen unter die Teilung der Arbeit, damit auch der Gegensatz geistiger und körperlicher Arbeit verschwunden ist; nachdem die Arbeit nicht nur Mittel zum Leben, sondern selbst das erste Lebensbedürfnis geworden; nachdem mit der allseitigen Entwicklung der Individuen auch ihre Produktivkräfte gewachsen und alle Springquellen des genossenschaftlichen Reichtums voller fließen – erst dann kann der enge bürgerliche Rechtshorizont ganz überschritten werden und die Gesellschaft auf ihre Fahne schreiben: Jeder nach seinen Fähigkeiten, jedem nach seinen Bedürfnissen!«[2]

Das ist die Gegenwelt, das Ideal. Vorsichtshalber betone ich, dass es hier nicht um einen diktatorischen Sozialismus geht, wie wir ihn zu Zeiten der Sowjetunion erlebt haben. Wie wir gesehen haben, sind gerade Regime dafür anfällig, dem Arbeitswahn zu erliegen, um ihre brutalen Allmachtsfantasien durchzusetzen. Der freie Marktkapitalismus agiert da vielleicht etwas subtiler als der autoritäre Staatskapitalismus; dennoch hofieren *alle* Staatsformen die kapitalistische Ideologie der Arbeit. Ein starker Staat wird *stets* zu Machtmissbrauch führen und *top-down*-Zwänge ausüben. Am Ende muss der Staat überflüssig sein, denn nur eine freie Gesellschaft, die sich *bottom-up* organisiert, ist wirklich frei – frei von Ausbeutung, Entfremdung und Sklaverei.

In was für einer Gesellschaft wollen wir leben? In einer Gesellschaft, in der Solidarität herrscht. In einer Gesellschaft, in der wir vielleicht nicht ständig die Arbeitsprodukte, sondern auch die Arbeit selbst tauschen. In einer Gesellschaft, die nicht auf Kosten anderer lebt – und damit nicht nur sich selbst, sondern auch all jene krank macht, die für sie die Drecksarbeit erledigen. In einer Gesellschaft, in der keine künstliche Arbeit geschaffen wird und wir nicht durch die Verheißung des Wachstums angepeitscht werden. In einer Gesellschaft, in der jeder nach seinen Bedürfnissen und Fähigkeiten arbeiten kann. In einer Gesellschaft, in der die Produktionsmittel und die Gelder gerecht verteilt sind – oder es überhaupt kein Geld mehr geben muss. In einer Gesellschaft, in der es öffentliches Gemeingut gibt, das allen gehört und allen kostenlos zur Verfügung steht – angefangen bei freien Anbauflächen, freien Trinkwasserquellen über freie öffentliche Verkehrsmittel bis hin zum freien WLAN. Eine moderne Allmende eben, oder, wie es im Englischen heißt: *commons*. Seit kurzem kursiert der Begriff ›Commonismus‹ – eine weltweite Bewegung, die in den Ruinen des Kapitalismus die Allmende proklamiert und praktiziert.

Klar, es handelt sich um Schönheitsreparaturen statt der notwendigen Kernsanierung. Und auch eine 30-Stunden-Woche oder ein bedingungsloses Grundeinkommen ändern nur wenig am bestehenden System. Insofern kann man pragmatisch sein und für Reformen eintreten, die den Status quo erträglicher machen: Lieber den Spatz in der Hand als die Taube auf dem Dach. Man sollte aber nicht das Ziel aus den Augen verlieren: Das System umkrempeln und sich eben doch die Taube holen. Irgendwann wird die Zahl der Ausbrecherinnen und Ausbrecher groß genug sein. Bis dahin ist es wohl besser, die Sache so weit wie möglich selbst in die Hand zu nehmen, statt die Hände in den Schoß zu legen und auf den Sankt-Nimmerleins-Tag zu warten. Vernetzen wir uns! Reden wir miteinander! Nur der Protest hält den Bewusstseinswandel aufrecht und treibt ihn voran. Proteste erleben wir derzeit überall. Es werden mehr. Und sie werden ihre Spuren hinterlassen.

Beschreibe ich eine anarchistische Utopie? Vielleicht. Doch wer ohne solche Ideale lebt, hat schon verloren, wird weiter wie ein Zombie zur Arbeit hetzen und, während die Welt in Flammen steht, sein heimisches Nest mit Teelichtern dekorieren. Lassen wir den Arbeitswahn hinter uns. Und geben wir ihn nicht an unsere Kinder weiter. Es grenzt an Folter, kleinen Kindern das Spielen und Entdecken zu verbieten, um sie stundenlang zum Arbeiten an den Schreibtisch zu fesseln. Statt unsere Kinder zu fragen: Und, was willst du mal werden?, sollten wir fragen: Wer willst du mal werden? Was für Ziele und Träume hast du?

John Lennon wird eine schöne Anekdote zugeschrieben: »Als ich fünf war, hat meine Mutter mir immer gesagt, dass es das Wichtigste im Leben sei, glücklich zu sein. Als ich in die Schule kam, baten sie mich aufzuschreiben, was ich später einmal werden möchte. Ich schrieb auf: ›glücklich‹. Sie sagten mir, ich hätte die Frage nicht richtig verstanden, und ich antwortete ihnen, dass sie das Leben nicht richtig verstanden hätten.«

Haben wir das Leben richtig verstanden?

1   E. M. Cioran, zitiert nach: Wolfgang Schneider, *Die Enzyklopädie der Faulheit*, Frankfurt am Main 2003, S. 147.

2   Karl Marx, *Kritik des Gothaer Programms*, MEW, Bd. 19, S. 21.

Quellen und Literatur zum Weiterlesen

Adorno, Theodor W., *Minima Moralia. Reflexionen aus dem beschädigten Leben,* Frankfurt am Main 1991.

Anders, Günther, *Die Antiquiertheit des Menschen,* Bd. 2, München 2002.

Bergmann, Frithjof / Friedland, Stella, *Neue Arbeit kompakt,* Freiburg im Breisgau 2007.

Brecht, Bertolt, *Gedichte (1933–1938),* in: ders., *Gesammelte Werke,* Bd. 9, Frankfurt am Main 1967.

Böll, Heinrich, »Anekdote zur Senkung der Arbeitsmoral«, in: ders., *Romane und Erzählungen 1961–1970,* Werke 4, Köln 1994.

Bontrup, Heinz-J. / Massarrat, Mohssen, »Manifest zur Überwindung der Massenarbeitslosigkeit«, www.attac-netzwerk.de/fileadmin/user_upload/AGs/ AG_Arbeitfairteilen/Manifest.pdf.

Brynjolfsson, Erik / McAfee, Andrew, *Race Against the Machine. How the Digital Revolution is Accelerating Innovation, Driving Productivity, and Irreversibly Transforming Employment and the Economy,* Digital Frontier Press 2011.

Büchner, Georg, *Dantons Tod,* Frankfurt am Main 2008.

Büchner, Georg, *Leonce und Lena,* Frankfurt am Main 2008.

Calvin, Johannes, *Unterricht in der christlichen Religion. Institutio Christianae religionis,* nach der letzten Ausgabe von 1559 übers. und bearb. von Otto Weber, hrsg. von Matthias Freudenberg, Wuppertal 2008.

Cederström, Carl / Fleming, Peter, *Dead Man Working. Die
schöne neue Welt der toten Arbeit,* Berlin 2013.

Cockrall-King, Jennifer, *Food and the City. Urban Agriculture
and the New Food Revolution,* New York 2012.

Crary, Jonathan, *24/7. Late Capitalism and the Ends of Sleep,*
London 2013.

Deleuze, Gilles, »Postskriptum über die Kontrollgesellschaften«, in: ders., *Unterhandlungen 1972–1990,* Frankfurt am
Main 1990.

Dostojewskij, Fjodor, *Aufzeichnungen aus dem Kellerloch,*
Stuttgart 2010.

Duflo, Esther, *Kampf gegen die Armut,* Berlin 2013.

Dutschke, Rudi, *Zu Protokoll. Fernsehinterview von Günter
Gaus,* Frankfurt am Main 1968.

Dyttrich, Bettina / Wuhrer, Pit (Hrsg.), *Wirtschaft zum Glück.
Solidarisch arbeiten heute, weltweit,* Zürich 2012.

Franzobel, »Warum wir die Arbeit abschaffen sollen«, in: *Der
Standard,* 27./28. April 2013, www.derstandard.
at/1363709298468/Franzobel-Warum-wir-die-Arbeit-
abschaffen-sollen.

Frey, Carl Benedikt / Osborne, Michael A., »The Future of
Employment. How susceptible are jobs to computerizati-
on?«, www.oxfordmartin.ox.ac.uk/downloads/academic/
The_Future_of_Employment.pdf.

Floren, Franz Josef, *Wirtschaftspolitik im Zeichen der Globali-
sierung,* Paderborn 1999.

Foucault, Michel, *Überwachen und Strafen. Die Geburt des
Gefängnisses,* Frankfurt am Main 1994.

Foucault, Michel, »Die Macht und die Norm«, in: *Mikrophysik
der Macht,* Berlin 1976.

Friebe, Holm / Lobo. Sascha, *Wir nennen es Arbeit. Die digitale Boheme oder: Intelligentes Leben jenseits der Festanstellung,* München 2008.

Fröbel, Friedrich, *Aus Fröbel's Leben und erstem Streben,* Berlin 1862.

Die Glücklichen Arbeitslosen, *Mehr Zuckerbrot, weniger Peitsche,* hrsg. von Guillaume Paoli, Berlin 2002.

Graeber, David, »Gegen den Kamikaze-Kapitalismus«, in: *Anarchistische Welten,* hrsg. von Ilija Trojanow, Hamburg 2012.

Gramsci, Antonio, *Gefängnishefte,* Gesamtausgabe, Hamburg 2012.

Heitmeyer, Wilhelm, »Klassenkampf von oben«, Interview, auf: *Zeit Online,* 21. Dezember 2011, www.zeit.de/2011/52/DOS-Maria-und-Josef-Gespraech.

Gruppe Krisis, *Manifest gegen die Arbeit,* Erlangen 1999.

Kurz, Robert, *Schwarzbuch Kapitalismus,* Berlin 2003.

Kurz, Robert / Lohoff, Ernst / Trenkle, Norbert (Hrsg.), *Feierabend! Elf Attacken gegen die Arbeit,* Hamburg 1999, vergriffen, Download unter: www.krisis.org/wp-content/data/feierabend.pdf.

Henzler, Herbert A. / Späth, Lothar, *Sind die Deutschen noch zu retten?,* München 1993.

Huelsenbeck, Richard, *En avant Dada. Die Geschichte des Dadaismus,* Hannover 1920.

Konicz, Tomasz, »Die kränkelnde Arbeitsgesellschaft«, auf: *Telepolis,* 30. Dezember 2012, www.heise.de/tp/artikel/38/38240/1.html.

Lafargue, Paul, *Das Recht auf Faulheit,* Berlin 2013.

Mead, George Herbert, *Moments of Thought in the Nineteenth Century,* Chicago 1936.

Marx, Karl, *Kritik des Gothaer Programms,* MEW, Bd. 19, Berlin 1956–1990.

Marx, Karl, *Über Friedrich Lists Buch »Das nationale System der politischen Ökonomie«,* MEW, Bd. 23, Berlin 1956–1990.

Marx, Karl, *Theorien über den Mehrwert,* MEW, Bd. 26.3, Berlin 1956–1990.

Marx, Karl, *Ökonomisch-philosophische Manuskripte aus dem Jahre 1844,* MEW, Bd. 40, Berlin 1956–1990.

Müller, Christa (Hrsg.), *Urban Gardening,* München 2011.

Nell-Breuning, Oswald von, *Arbeitet der Mensch zuviel?,* Freiburg im Breisgau 1985.

Nietzsche, Friedrich, *Sämtliche Werke. Kritische Studienausgabe in 15 Bänden,* hrsg. von Giorgio Colli und Mazzino Montinari, Berlin/New York 1988.

Orwell, George, *Mein Katalonien,* Zürich 1975.

Palahniuk, Chuck, *Fight Club,* München 2004.

Polgar, Alfred, *Kleine Schriften. Band I: Musterung,* hrsg. von Marcel Reich-Ranicki in Zusammenarbeit mit Ulrich Weinzierl, Reinbek bei Hamburg 1982, S. 329.

Northcote Parkinson, Cyril, »Parkinson's Law«, in: *The Economist,* 19. November 1955.

Rieger, Frank, »Roboter müssen unsere Rente sichern«, in: *Frankfurter Allgemeine Zeitung,* 18. Mai 2012, www.faz.net/aktuell/feuilleton/debatten/automatisierungsdividende-fuer-alle-roboter-muessen-unsere-rente-sichern-11754772.html.

Rifkin, Jeremy, »Langfristig wird die Arbeit verschwinden«, Interview, in: *Stuttgarter Zeitung*, 29. April 2005, www.content.stuttgarter-zeitung.de/stz/page/916564_0_9223_-interview-langfristig-wird-die-arbeit-verschwinden-.html.

Rifkin, Jeremy, *Das Ende der Arbeit und ihre Zukunft*, Frankfurt am Main 2004.

Russell, Bertrand, *Lob des Müßiggangs*, München 2006.

Sahlins, Marshall, *Stone Age Economics*, New York 1972.

Schandl, Franz, »Der Abgrund der Arbeit«, www.streifzuege.org/2013/der-abgrund-der-arbeit.

Schneider, Wolfgang, *Die Enzyklopädie der Faulheit*, Frankfurt am Main 2003.

Schor, Juliet, *Overworked American*, New York 1993.

Souchy, Augustin, *Nacht über Spanien. Bürgerkrieg und Revolution in Spanien 1936–39*, Frankfurt am Main 2007.

Thomas, William / Thomas, Dorothy, *The Child in America*, New York 1928.

Thoreau, Henry David, »Leben ohne Prinzipien«, in: ders., *Über die Pflicht zum Ungehorsam gegen den Staat und andere Essays*, Zürich 2010.

Unsichtbares Komitee, *Der kommende Aufstand*, Hamburg 2010.

Veblen, Thorstein, *Theorie der feinen Leute*, Frankfurt am Main 1986.

Žižek, Slavoj, »Willkommen in der Wüste des Realen«, in: *Die Zeit*, 20. September 2001, www.zeit.de/2001/39/200139_zizek.xml.

Studien und Reports

China Labour Watch, »Apple's unkept promises«, 29. Juli 2013, www.chinalaborwatch.org/pdf/apple_s_unkept_promises.pdf.

Gallup, »Engagement Index 2012«, Pressemitteilung, 3. März 2013, www.gallup.com/file/strategicconsulting/160901/Pressemitteilung%20zum%20Engagement%20Index%202012_final.pdf.

Gesellschaft für angewandte Wirtschaftsforschung, »Bedingungsloses Grundeinkommen«, 2013, www.unternimm-die-zukunft.de/de/zum-grundeinkommen/bgestudie_gesell_angewandte_wirtschaftsforschung.

IfD Allensbach, »Träume der Deutschen«, 2002, www.de.statista.com/statistik/daten/studie/76159/umfrage/traeume---wovon-deutsche-traeumen.

ILO, »Global Employment Trends 2013«, www.ilo.org/wcmsp5/groups/public/---dgreports/---dcomm/---publ/documents/publication/wcms_202215.pdf.

Institut für Arbeitsmarkt- und Berufsforschung, »Deutsche Geringverdiener im europäischen Vergleich«, Pressemitteilung, 25. Juli 2013, www.iab.de/de/informationsservice/presse/presseinformationen/kb1513.aspx.

Institut für interdisziplinäre Konflikt- und Gewaltforschung, Universität Bielefeld, »Entwicklung der Gruppenbezogenen Menschenfeindlichkeit 2002–2009«, www.uni-bielefeld.de/ikg/projekte/GMF/EntwicklungGMF.html.

Randstad Deutschland, »Tätigkeiten nach Entlassung mit Abfindung«, 2009, www.de.statista.com/statistik/daten/studie/72981/umfrage/taetigkeiten-nach-entlassung-mit-abfindung.

Der Autor

Patrick Spät,
Dr. phil., geboren 1982, Studium der Philosophie,
Soziologie und Literaturgeschichte in Mannheim,
Leipzig und Freiburg. 2010 Promotion in Philosophie
an der Universität Freiburg. Spät lebt als freier
Autor und Journalist (u. a. für *Telepolis, Spektrum
der Wissenschaft, Philosophie Magazin* und *The
European)* in Berlin.

Ronald Blaschke, Werner Rätz (Hrsg.)
Teil der Lösung
Plädoyer für ein bedingungsloses
Grundeinkommen

208 Seiten, Broschur, 2013
978-3-85869-564-2
Fr. 22.50 / Euro 17,90

Wie wir leben und arbeiten wollen

Das bedingungslose Grundeinkommen ist kein ökono-
mischer Irrweg, sondern ein wichtiger Baustein zur Lösung
der anstehenden wirtschaftlichen, sozialen und
ökologischen Probleme.

Mit Beiträgen u. a. von Margit Appel, Matthias Blöcher,
Herbert Jauch, Albert Jörimann, Volker Koehnen,
Ingmar Kumpmann, Dagmar Paternoga, Antje Schrupp,
Franz Segbers, Mag Wompel.

Rotpunktverlag.

André Gorz

Kritik der ökonomischen Vernunft

Sinnfragen am Ende
der Arbeitsgesellschaft

Aus dem Französischen
übersetzt und mit einem Vorwort
von Otto Kallscheuer
408 Seiten, Klappenbroschur, 2010
978-3-85869-429-4
Fr. 34.– / Euro 26,–

Sinnfragen

In diesem Werk (seinem eigentlichen Hauptwerk) zeigt der
französische Sozialphilosoph André Gorz auf, wie die
ökonomische Vernunft uns ihr Gesetz aufzwingen konnte,
wie sie die Trennung von Arbeit und Leben, von Produktion
und Bedürfnissen immer weiter vorantreibt und warum sie
die Gesellschaft letztlich spaltet. Für André Gorz gilt es,
Werte wie Selbstverwirklichung, Gemeinschaft und Eman-
zipation mittels einer neuen Utopie zu verteidigen.

Rotpunktverlag.